Leaving Certificate Spanish

LA PLUMA

hey Jenny Baby!

Livia Healy

Ciara Rock

Folens

Editor
Priscilla O'Connor

Design and cover
Karen Hoey

Layout
Oisín Burke

Illustrations
Shane Serrano

© 2007 Livia Healy and Ciara Rock

ISBN: 978-1-84741-047-4

The authors and publisher would like to thank the following for permission to reproduce copyright material:

'Un hogar más amplio' by Cristóbal Sánchez Blesa, 1 Mar. 2002; 'Jovenes sin rumbo' by María José Atiénzar, 7 Nov. 2003; 'La obesidad es un problema', 19 Dec. 2005, and 'Condenados a la sed', 21 Apr. 2006, both by Alberto Sierra; 'Por un desarrollo sostenible', 31 Mar. 2006, and 'Hoy también es el día del medio ambiente', 9 June 2006, both by Ana Muñoz; all from Solidarios para el Desarrollo, www.ucm.es/info/solidarios/. Isabel Allende, an excerpt from the work *El Reino del Dragón de Oro* © Isabel Allende, 2003. 'Una madre asturiana quiere ceder la tutela de su hija de 13 años por rebelde e incontrolable' by Joaquina Prades, *El País*, 24 Apr. 2007. *Informe sobre la juventud mundial 2005*. United Nations 2005. www.un.org. '¿Es el Spanglish un idioma?' by Robert González-Echevarría, trans. by author of 'Is "Spanglish" a language', *The New York Times*, 28 Mar. 1997. Centro MundoLengua, www.centromundolengua.com; 'Cómo detener a los depredadores on-line', www.webdehogar.com. 'El problema de los jóvenes con el lenguaje' by Juan Corredor, 10 Oct. 2005, www.baquia.com. 'Por una ciudad más humana', *Revista Mia*, no. 1070, 12–18 Mar. 2007. 'A la playa con el cargador puesto', Agencia EFE. *Muchachas: Protegidas y respaldadas* (Dec. 2006), UNICEF, www.unicef.org.

The authors and publisher would like to thank the following for permission to reproduce photographs: Alamy Images; Corbis; PA Photos; Getty Images.

While considerable effort has been made to locate all holders of copyright material used in this text, we have failed to contact some of these. Should they wish to contact Folens Publishers, we will be glad to come to some arrangement.

Folens Publishers, Hibernian Industrial Estate, Greenhills Road, Tallaght, Dublin 24.

Contents

Mary Susan

Preface

La Pluma is a communicative Spanish textbook designed to appeal to both teachers and students of mixed ability senior cycle classrooms. The book follows a more student-centred approach, allowing for classroom flexibility and adaptation with emphasis on the productive skills assessed in the Leaving Certificate examination. There are three units aimed at developing students' oral, written and comprehension skills for this exam.

The textbook employs elements of inductive and deductive grammar teaching methods. It allows for the teacher to encourage students to work out grammar rules inductively for themselves through relevant examples. Subsequently, the teacher can facilitate deductive reasoning for reinforcement or clarification where it is deemed necessary. Furthermore, this text is not intended to serve as a traditional grammar book per se. Rather it provides a framework for learning that may also involve rote learning of grammar rules and verb conjugation. This modern, learner-centred methodology serves as a springboard for enhanced student understanding of rules within context.

The primary aim is to strengthen learner autonomy by providing the tools necessary for successful completion of the tasks set out in the syllabus. This can be achieved through the use of iconographic materials, topically themed vocabulary sections, scaffolding for written production areas, guided writing practice, dialogue and letter construction, idiomatic phraseology, contextualised activities and a wide range of authentic texts culturally referenced to broaden the students' understanding of the wider Hispanic world.

¡Qué aproveche!

Acknowledgements

We would like to thank everyone involved in the publication of this textbook:

- Folens Publishers for the opportunity, and for good faith and patience!
- Eva Mateo for her much-appreciated hard work.
- Our families here in Ireland, Romania, America and España!
- Our parents, true educators.
- The Graduate Diploma in Languages Team from the Department of Languages and Cultural Studies in the University of Limerick, for giving us the confidence to put pen to paper.
- Gonda Oyen for her tireless typing!
- Nancy Serrano, an outstanding teacher, lecturer educator and editor!
- Our students past and present: our inspiration!

Gracias a todos, lo agradecemos un montón.

Livia Healy and Ciara Rock

July 2007

SECCIÓN 1
COMUNICACIÓN INFORMAL

1 HABLANDO DE TI MISMO

María acaba de entrar en una tertulia digital (*chat room*) por primera vez. Quiere conocer a nuevos amigos por Internet para aprender cosas nuevas. Está en su último año de Bachillerato y no sabe qué hacer el año que viene: asistir a la universidad, viajar o buscar trabajo. ¿Cuál es la mejor decisión? ¡Quién sabe!

Por el momento ha decidido hablar con otra gente para ver qué hacen los jóvenes en el resto del mundo.

Nombre/Apodo:	Marieta2
Perfil:	chica, 17 años, morena, inteligente

¡Hola! Me llamo María. Soy española, de Valladolid. Tengo 17 años. Mi cumple es el 5 de marzo. Soy morena de ojos marrones. Llevo gafas.

Yo soy la pequeña de la familia. Tengo una hermana mayor que se llama Carolina. Tiene 23 años y está estudiando en la Universidad de Palencia. Mi único hermano se llama David. Tiene 20 años y también está haciendo una carrera de arte aquí en Valladolid.

Me gustaría ir a la universidad pero no sé todavía qué debería estudiar. Es muy difícil elegir un curso... ¡Me interesan tantas cosas!

¿Estás en la misma situación? Escríbeme y aconséjame por fa....

Marieta2

Muy pronto recibe una respuesta....

Nombre/Apodo:	El chistoso
Perfil:	joven de 17 años, soltero, alto y moreno

¡Hola Marieta2!

Encantado de conocerte. Yo estaba en la misma situación hace unos meses. Yo soy el mayor de mi familia. «Hay que dar ejemplo a tus hermanos, hijo mío, y por eso tienes que seguir una carrera en la universidad» dice mi madre. ¡Vaya estrés y menuda presión! Pero aquí en México es muy difícil ir a la universidad porque cuesta mucho dinero. Así que trabajo a tiempo parcial, fregando platos en un hotel de lujo. Estoy intentando ahorrar lo que gano pero no es fácil. Lo único que sé es que me gustaría escribir y por eso quiero estudiar una carrera de Filosofía y Letras. ¡Me encanta la literatura!

¿Hay algo que realmente amas en la vida? Yo creo que ése es el secreto.

La vida es corta y tienes que hacer lo que te gusta.

Hasta pronto,

José,
el chistoso

MÉXICO

Puerto Vallarta

Práctica Oral

1. Contesta a las siguientes preguntas:

¡Ojo! Apunta tus respuestas en un cuaderno específico (un cuaderno para la práctica oral). Úsalo hasta que hagas el examen oral.

- ¿Cómo te llamas? _____
- ¿Cuántos años tienes? _____
- ¿Cuándo es tu cumpleaños? _____
- ¿Cuántos hermanos tienes? _____
- ¿De dónde eres? _____
- ¿Dónde vives? _____
- ¿Cómo eres? _____

2. Ahora haz a tu compañero/a las mismas preguntas.

El diario de María

> lunes, 23 de septiembre
>
> Internet es increíble, de verdad. Acabo de hablar con un chico de mi edad que vive en México. El poder de la tecnología... Tal vez podría seguir un curso de tecnología... De todos modos es muy majo y prudente. Eso sobre todo me sorprende porque los chicos de 17 años aquí en España no son así. Parece maduro e inteligente según su mensaje. Sé que tiene hermanos pero no sé cuantos. Trabaja y estudia al mismo tiempo, y vive en Puerto Vallarta. Piensa estudiar en un Departamento de Filosofía y Letras porque le interesa mucho la literatura. ¡Qué casualidad! A mí también, me encanta la literatura. Pero no he leído nada de México, creo. ¿Quiénes son los escritores más importantes de América Latina? Preguntaré a mamá más tarde. Necesito saber más de él: dónde vive exactamente, su familia, sus intereses aparte de la literatura? Lo mejor de todo es que me entiende, me comprende. ¡Hasta mañana amigo mío!
>
> María

1. Translate Maria's diary entry.

2. Identify:

   (a) the verbs she uses

   (b) the tenses of each of the verbs

3. Find three singular adjectives in the piece.

4. Explain the use of the word 'e' here: on 'parece maduro e inteligente'.

5. List any new words or phrases that you found in the diary entry.

6. Create your own diary entry based on the following question:
   ¿Qué te gustaría hacer/estudiar después de los exámenes?

7. Do you know of any Latin American writers?

¡Ojo!

A separate notebook with a section for (a) vocabulary and (b) idiomatic phrases would be worth starting now.

El estilo indirecto

María	¿Las preguntas?	El estilo indirecto
		Ella dice que:
Me llamo _____	¿Cómo se llama?	se llama María
Soy española	¿Cuál es su nacionalidad?	es española
Vivo en _____	¿Dónde vive?	vive en Valladolid
Tengo un/a hermano/a	¿Cuántos hermanos/as tiene?	tiene una hermana, etc.
Llevo _____	¿Qué lleva?	lleva gafas
Soy morena	¿Cómo es?	es morena de ojos marrones
Tengo 17 años	¿Cuántos años tiene?	tiene 17 años
Mi cumple es _____	¿Cuándo es su cumpleaños?	su cumple es el 5 de marzo

- En parejas, el estudiante A plantea las preguntas y el estudiante B responde utilizando el estilo indirecto.

- Haz una lista de las palabras que se utilizan para formar preguntas.

- Rellena las columnas siguientes:

José	¿Las preguntas?	El estilo indirecto
		El dice que:
Me llamo _____		
Tengo _____ años		
_____ México		
Trabajo en _____		
Me interesa _____		
Pienso hacer _____		
Amo _____		
Me gustaría _____		

Me llamo Santiago.

¿Qué dice?.

Dice que se llama Santiago.

2 INTERESES: LA LITERATURA

María decidió buscar por la red un poco de información sobre los autores de América Latina. Evidentemente ha encontrado muchísimas fuentes interesantes e informativas. Aquí hay dos artículos sobre dos de los escritores más famosos del mundo literario de esta parte del mundo.

Gabriel García Márquez

Márquez es conocido mundialmente como periodista, editor y sobre todo, escritor. Nació en Aracataca, Colombia, el domingo 6 de marzo de 1927.

En 1947, García Márquez fue a Bogotá con la intención de estudiar Derecho y Ciencias Políticas en la Universidad Nacional de Colombia, carrera de la que desertó. Más tarde empezó a trabajar como reportero (1948).

En 1967 publicó su obra más aclamada, *Cien años de soledad*, historia que narra las vivencias de la familia Buendía en Macondo. La obra es considerada como un gran referente del «realismo mágico», un estilo que consiste en tratar hechos fantásticos desde el punto de vista de determinadas culturas que los consideran normales.

Desde 1975, García Márquez vive entre México, Cartagena de Indias, La Habana y París. En 1982, recibió el Premio Nobel de Literatura.

Un extracto literario

El día en que lo iban a matar, Santiago Nasar se levantó a las 5.30 de la mañana para esperar el buque en que llegaba el Obispo. Había soñado que atravesaba un bosque de higuerones donde caía una llovizna tierna, y por un instante fue feliz en el sueño, pero al despertar se sintió por completo salpicado de cagada de pájaros. «Siempre soñaba con árboles», me dijo Plácida Linero, su madre, evocando 27 años después los pormenores de aquel lunes ingrato. «La semana anterior había soñado que iba solo en un avión de papel de estaño que volaba sin tropezar por entre los almendros», me dijo. Tenía una reputación muy bien ganada de intérprete certera de los sueños ajenos, siempre que se los contaran en ayunas, pero no había advertido ningún augurio aciago en esos dos sueños de su hijo, ni en los otros sueños con árboles que él le había contado en las mañanas que precedieron a su muerte.

Crónica de una muerte anunciada
Gabriel García Márquez

1. What was Santiago Nasar doing when the story opens?

2. What did Plácida Linero recall?

3. Who was she?

4. Is this an effective beginning? Why?

Isabel Allende

Isabel Allende, de nacionalidad chilena, nació el 2 de agosto, de 1942 en Lima, Perú. Nació en Perú porque su padre, Tomás Allende, era diplomático en ese país. Su madre se llamaba Francisca Llona.

Cuando ella tenía 10 años, su madre volvió a casarse con otro diplomático, Ramón Huidobro. Allende vivió en Bolivia, en Europa y en el Medio Oriente. Se graduó en un colegio privado cuando tenía 16 años y desde entonces ha trabajado como periodista y escritora. El periodismo, el feminismo, y el movimiento de liberación de las mujeres le interesan mucho.

Isabel Allende ha sido comparada con Gabriel García Márquez. Allende usa también el realismo mágico en sus obras. Ella escribe novelas, cuentos y obras teatrales. Sus obras han sido traducidas a más de veintisiete idiomas, incluyendo el inglés, el alemán y el italiano. Ella ha ganado muchos premios literarios en muchos países.

Rellena las columnas:

Las preguntas:	Gabriel García Márquez	Isabel Allende
¿Dónde nació?		
¿Cuándo?		
¿Cuál es su nacionalidad?		
¿A qué se dedica?		
¿Qué le interesa?		
¿Ha tenido éxito?		

Un extracto literario

La televisión, instalada recientemente, transmitía durante pocas horas diarias y sólo aquellos programas que el rey consideraba inofensivos, como las transmisiones deportivas, los documentales científicos y dibujos animados. El traje nacional era obligatorio; la ropa occidental estaba prohibida en lugares públicos. Derogar esa prohibición había sido una de las peticiones más urgentes de los estudiantes de la universidad, que se morían por los vaqueros americanos y las zapatillas deportivas, pero el rey era inflexible en ese punto, como en muchos otros. Contaba con el apoyo incondicional del resto de la población, que estaba orgullosa de sus tradiciones y no tenía interés en las costumbres extranjeras. El Coleccionista sabía muy poco del Reino del Dragón de Oro cuyas riquezas históricas o geográficas le importaban un bledo. No pensaba visitarlo jamás. Tampoco era su problema apoderarse de la estatua mágica, para eso pagaría una fortuna al Especialista. Si aquel objeto podía predecir el futuro, como le habían asegurado, él podría cumplir su ultimo sueño: convertirse en el hombre más rico del mundo, el número uno.

El Reino del Dragón de Oro
Isabel Allende

1. What was shown on TV?

2. What was banned?

3. What was the goal of the Collector?

4. Would you want to read more? Why?

Pregunta y responde

Responde a las preguntas (apunta tus respuestas en el cuaderno de práctica oral):

- ¿Te gusta leer?

- ¿Tienes un autor preferido?

- ¿Cuál es tu libro favorito? ¿De qué trata?

- Tienes que estudiar una novela en inglés, ¿verdad? Cuenta la historia brevemente.

- ¿Hay escritores famosos irlandeses?

Miguel de Cervantes Saavedra

Era novelista, poeta y dramaturgo español (1547–1616). Nació el 29 de septiembre de 1547 y murió el 22 de abril de 1616 en Madrid. Es considerado la máxima figura de la literatura española. Es conocido sobre todo por haber escrito *El ingenioso hidalgo Don Quijote de la Mancha* (el libro más traducido después de la Biblia) que muchos críticos describen como la primera novela moderna y una de las mejores obras de la literatura universal.

En cuanto a esta obra literaria, se puede decir que es, sin duda, una obra maestra de la literatura que influyó a toda la narrativa europea posterior. Cervantes utilizó la fórmula del realismo que se caracteriza por la parodia y burla de lo fantástico mientras que critica a la sociedad de la época. Cervantes creó la novela que interpreta la realidad, no según un solo punto de vista, sino desde varios puntos de vista superpuestos al mismo tiempo.

1. Who was Miguel de Cervantes Saavedra?

2. What is Don Quijote de la Mancha considered to be?

3. Why has it influenced the literature that followed?

4. The article doesn't state the storyline of the book. Have you any idea what happens in it?

5. Who else was writing in Europe at this time?

6. What was happening in Spain and Latin America in this century?

Un extracto literario

En un lugar de la Mancha, de cuyo nombre no quiero acordarme, no ha mucho tiempo que vivía un hidalgo de los de lanza en astillero, adarga antigua, rocín flaco y galgo corredor. Una olla de algo más vaca que carnero, salpicón las más noches, duelos y quebrantos los sábados, lentejas los viernes, algún palomino de añadidura los domingos, consumían las tres partes de su hacienda.... Frisaba la edad de nuestro hidalgo con los cincuenta años. Era de complexión recia, seco de carnes, enjuto de rostro, gran madrugador y amigo de la caza.

Primera Parte del Ingenioso Hidalgo Don Quijote de la Mancha
Miguel de Cervantes Saavedra

1. Where does the story take place?

2. Why are the days of the week mentioned?

3. What do we learn about the hero?

3 TU CIUDAD Y EL TRABAJO

María ha estado pensando en lo que Chistoso le escribió y ha decidido contestarle.

De parte de: María

Para: José

¿Qué tal? Muchas gracias por el consejo pero desgraciadamente me interesan demasiados temas. De todas formas tengo en cuenta lo que me dijiste. Dime, ¿cuántos hermanos tienes? ¿A qué se dedican tus padres? ¿Dónde vives exactamente? ¿Cómo es tu ciudad o pueblo? Es que yo, aunque digo que vivo en valladolid, la verdad es que vivo en el campo, en un pueblo que está cerca de la ciudad. No es muy grande pero hay dos panaderías, kioscos, una carnicería y

cinco bares. Hay mucha construcción ahora de casas nuevas, pisos y chalets. Hay mucha gente que prefiere vivir alrededor de la ciudad y viajar cada día al trabajo. Mi padre es el dirigente de la empresa constructora. Aunque vivo en el campo el ruido de las máquinas me vuelve loca, de verdad. Por esta razón voy a menudo a la biblioteca en la ciudad para estudiar y charlar con mis amigos, ya sabes.

¿Dónde estudias tú? ¿Es difícil trabajar y estudiar al mismo tiempo?

Hasta ahora,
María

1. Traduce estas palabras o frases al inglés:

- desgraciadamente
- tengo en cuenta
- alrededor de
- me vuelve loca
- de verdad
- a menudo
- ya sabes

2. Busca un ejemplo del pasado en el texto.

De parte de: José

Para: María

¡Hola de nuevo!

Me alegro mucho de que mis consejos te valgan para algo. No tengo mucho tiempo para charlar hoy porque tengo que ir a trabajar dentro de poco. Pero respondiendo a tus preguntas: tengo tres hermanas y un hermano. Se llaman Mari-Luz (16 años), Selena (15 años), Elena (13 años) y Rodrigo (10 años). Mis abuelos viven con nosotros también. Mi padre murió hace dos años. Así que es mi madre quien nos cuida. Mi madre, Mari-Mar, es profesora en una escuela primaria. Trabaja mucho y durante las vacaciones sigue dando clases particulares. Estoy muy orgulloso de ella. Siempre está de buen humor aunque esté cansada. Es una verdadera optimista. Por eso yo trabajo...ya sabes, para ayudar un poco. No gano mucho, pero algo es algo. Cuando estoy de exámenes es difícil mantener el trabajo y estudiar pero fuera de eso, es una cuestión simplemente de organizar tu tiempo, nada más.

Vivimos en la ciudad. Es muy grande y tiene de todo: por lo menos dos teatros, muchos restaurantes, hay un parque cerca de nuestro apartamento, una alberca pública, un cine, una bolera, supermercados ¡En fin! que es una ciudad típica, sin duda muy parecida a la tuya. Mencionaste a tus amigos...cuéntame de ellos... ¿Qué hacen para divertirse?

Bueno, me voy.
Adiós,
José

1. Busca en el texto estas palabras o frases en español:

   - it has everything
   - tell me about
   - I have to go
   - proud
   - time management
   - that's why
   - at least
   - very like

2. Identifica los tiempos verbales en el texto.

3. Añade las palabras/frases nuevas en tu cuaderno.

El estilo indirecto

¿Qué ha preguntado María?	María ha preguntado:
• ¿Dónde vives?	• dónde vive José
• ¿Cuántos hermanos tienes?	• cuántos hermanos tiene
• ¿A qué se dedican tus padres?	• a qué se dedican sus padres
• ¿Cómo es tu ciudad?	• cómo es su ciudad
• ¿Es difícil trabajar y estudiar?	• si es difícil trabajar y estudiar

- • Translate both columns into English.
- • What have you learned about indirect speech to date?

El diario de María

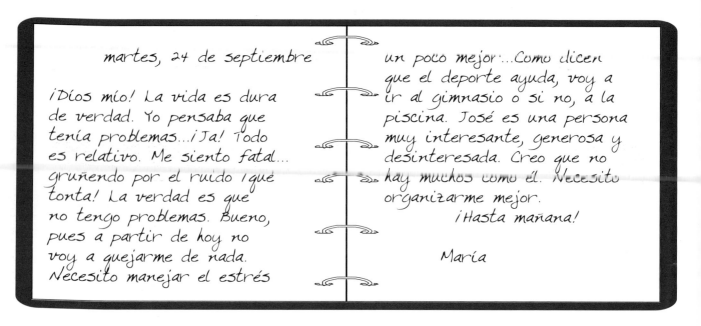

martes, 24 de septiembre

¡Dios mío! La vida es dura de verdad. Yo pensaba que tenía problemas...¡Ja! Todo es relativo. Me siento fatal... gruñendo por el ruido ¡qué tonta! La verdad es que no tengo problemas. Bueno, pues a partir de hoy no voy a quejarme de nada. Necesito manejar el estrés un poco mejor...Como dicen que el deporte ayuda, voy a ir al gimnasio o si no, a la piscina. José es una persona muy interesante, generosa y desinteresada. Creo que no hay muchos como él. Necesito organizarme mejor.

¡Hasta mañana!

María

Utilizando el estilo indirecto, apunta lo que escribió María en su diario (Mira Apéndice 2). Empieza con:

En su diario María dice que…

En su diario María escribió que…

La ciudad

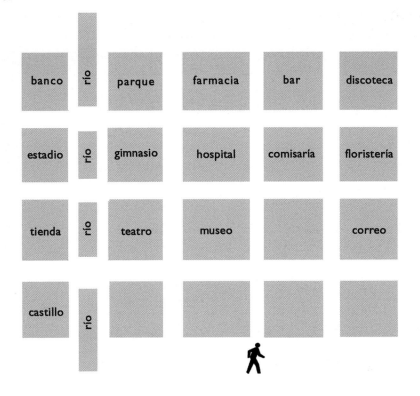

1. Identifica los sitios de la ciudad en el mapa.

Vocabulario: La ciudad		
En mi ciudad hay	• un teatro/muchos teatros	• rascacielos
	• tres cines	• discotecas
Cada ciudad tiene	• farmacias	• bares
	• comisarías	• restaurantes
En la mayoría de las ciudades se puede encontrar	• kioscos	• muchas tiendas
	• museos	• zapaterías
	• dos hospitales	• muchas floristerías
En las capitales hay	• una sala de emergencia	• hoteles
	• oficinas de correos	• almacenes
	• un banco	• un gimnasio
	• un aeropuerto	• dos castillos
	• un parque	• un estadio

2. Utilizando el mapa de la ciudad de la página 13, pregunta a tu compañero/a:

e.g. ¿Dónde está el teatro?

Vocabulario: ¿Dónde está?

• El teatro	está	• al lado de (del/la)	• supermercado
• El museo		• en frente de (del/la)	• zapatería
		• detrás de (del/la)	• gimnasio
		• cerca de (del/la)	• calle/esquina
		• lejos de (del/la)	• museo
		• delante de (del/la)	• floristería
		• al final de (del/la)	• oficina de correos
		• al fondo de (del/la)	• banco

3. (a) Imagina que tú eres la persona que aparece en el mapa de la página 13. Pregunta a tu compañero/a cómo llegar a un lugar en la ciudad:

Perdone, señor/a. ¿Para ir al teatro, por favor?

Oiga, por favor. ¿Hay un teatro por aquí cerca?

El/ella tiene que darte las instrucciones adecuadas.

Sigue	todo recto
Cruza	la calle/el puente
Toma	la primera calle a la izquierda/derecha
Gira/dobla	a la derecha/izquierda
Coge	la segunda a la derecha

(b) Cambia: ahora, tú tienes que dar las instrucciones.

El centro comercial

001 Zapatería Zola

002 Carnicería García

003 Pastelería Nuria

004 Panadería

005 Charcutería Luís

006 Ropa de Moda

007 Ropa interior

008 Música moderna

009 Papelería

010 Supermercado

011 Perfumería

012 Cafetería

- María va de compras. Tiene una lista de lo que necesita comprar. Ayuda a María: escribe las instrucciones para llegar a las tiendas adecuadas para comprar lo que hay en su lista:

Lista de la compra

botas de piel	CD (salsa)
colonia	caramelos
pastillas	queso
falda negra	lomo y chorizo
lápices	bandeja de pasteles

- María has returned home. She is tired. Write an entry in her diary.
  - Describe her day: mention **three** things she did.
  - Describe how she is feeling right now.
  - Write about her plans for tomorrow.

Preparación oral

- Describe a tus hermanos: cómo son y sus edades.

¡Ojo!

Apunta tus propias respuestas en tu cuaderno oral.

- Describe el lugar donde vives: haz una lista de lo que hay en tu barrio.
- ¿Trabajas? ¿Por qué?
- Describe tu trabajo: incluye las horas y el salario.
- ¿En tu opinión, es fácil, trabajar y estudiar al mismo tiempo?

easy to work & study at the same time

Vocabulario: El trabajo	
(No) trabajo	• (No) necesito dinero
(No) tengo trabajo	• No tengo tiempo
	• los fines de semana/14 horas a la semana
	• en una tienda/una farmacia/una peluquería
	• con mi padre
	• de horario partido/a tiempo parcial
Gano	• 7 euros la hora
Me pagan	• en líquido (metálico)/en cheque
	• cada semana/cada mes
Gasto todo/ahorro un poco	• ropa
Compro	• música/libros

4 LOS PASATIEMPOS

De parte de: María

Para: José

¡Saludos! Me preguntaste en tu último mensaje, lo que hacemos para divertirnos. Conozco a mucha gente pero mis mejores amigos se llaman Turi (Arturo), Belén y Mari-Ángeles. Son majos, simpáticos y les gusta la aventura. Bueno, pues en Valladolid, hay de todo. Normalmente vamos a un café para charlar y tomar algo y jugamos a las cartas o a juegos de mesa. Me encantan las películas también y vamos

muy a menudo al cine. Hay precio reducido para estudiantes y hay cines donde muestran las películas en versión original. Así que podemos mejorar el inglés o el francés mientras disfrutamos. Me alegra mucho ver que los actores españoles tienen éxito en Hollywood, actores como Antonio Banderas y Penélope Cruz por ejemplo. Salma Hayek es mexicana, ¿verdad?

Si queremos salir de fiesta, nos reunimos en un sitio y pasamos la noche en zonas diferentes, yendo de bar en bar. Los demás del instituto están por allí también. A las dos o tres de la mañana vamos a la discoteca y bailamos y volvemos a casa sobre las cinco. A veces continuamos hasta las siete y tomamos el desayuno juntos…chocolate con churros o algo parecido. Pero ya sabes, volvemos a casa hechos polvo y después pasamos el día durmiendo.

¿Es igual en Puerto Vallarta? Me imagino que sí. ¿Te interesa el cine? ¿Qué hacéis durante el fin de semana?

Hasta pronto,
María

1. Describe Maria's friends.

2. What do they do to have fun?

3. What does *versión original* mean?

4. Find these words/phrases in the text:

- improve
- spend
- bar hopping

- suppose so
- exhausted
- while

5. En tu cuaderno de práctica oral responde a estas preguntas:

- ¿Qué haces los fines de semana?
- ¿Cómo es tu mejor amigo/a?
- ¿Te interesa el cine? ¿Por qué?
- ¿Tienes un actor preferido? ¿Quién es? ¿Por qué?
- ¿Cuál es tu película favorita? ¿Por qué?
- ¿Qué tipo de película es? Cuenta la historia brevemente.
- ¿Quiénes son los actores famosos de Irlanda?
- ¿El cine juega un papel importante en la vida? ¿Por qué?

6. Sin duda conoces a estas personas. ¿A qué se dedican? ¿Cuántos años tienen? Haz una lista de sus obras.

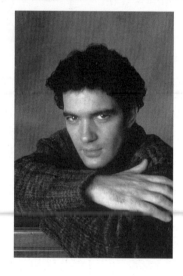

Nombre de nacimiento:

Salma del Carmen Hayek Jiménez

Fecha de nacimiento:

2 de septiembre de 1966

Lugar de nacimiento:

Coatzacoalcos, Veracruz, México

Nombre de nacimiento:

José Antonio Domínguez Banderas

Fecha de nacimiento:

10 de agosto de 1960

Lugar de nacimiento:

Málaga, España

Nombre de nacimiento:

Penélope Cruz Sánchez

Fecha de nacimiento:

28 de abril de 1974

Lugar de nacimiento:

Madrid, España

7. Pregunta a tu compañero/a quiénes son los siguientes personajes, de dónde vienen y a qué se dedican:

veiraJ merdaB

orPde lodrAmova

ninfreJe pLoze

icioneB lde orTo

terRbo zeudorRgi

¡Ojo!

Pistas: actor/actriz; director/a; español/a; estadounidense/americano/a; puertorriqueño/a

5 EL DEPORTE Y LA MÚSICA

○○○

De parte de: José

Para: María

¡Hola María!

El cine me interesa también. Me encantan las películas de acción. Cuando salgo con mis amigos hacemos las mismas cosas que tú y tus amigos. En cuanto podemos vamos a conciertos porque unos de mis amigos ha formado un grupo de rock. Así que la música nos interesa mucho. Pero es muy difícil tener éxito. Yo creo que es más cuestión de suerte. Por lo menos ellos disfrutan mucho cuando tocan la guitarra y cuando dan conciertos. Pero bueno, nunca se sabe…algún día puede ser que sean tan famosos como U2 o Los Rolling Stones. ¿Quién sabe? ¿Te interesa la música también? Si no salimos de fiesta o vemos películas, jugamos al fútbol que es un deporte muy popular en México. Hay muchos jugadores que van a Europa para ganar más dinero. Para mí, por lo menos, es algo sano y me ayuda a bajar el estrés.

¿Practicas algún deporte? ¿Cuáles son los deportes más populares en España? *La charrería* es un deporte ecuestre creado en México…un tipo de rodeo y también tenemos *la tauromaquia*. Bueno, pues me voy. ¡A la lucha otra vez!

José

Contesta las siguientes preguntas:

1. ¿Le gusta el cine?

2. Cuándo salen, ¿qué les interesa hacer?

3. ¿Hay algo más que les interesa?

4. ¿Cuáles son los deportes nacionales de Irlanda?

5. ¿Te interesa el deporte?

6. ¿Es importante practicar un deporte?

7. ¿Qué opinas de los deportes de equipo?

8. ¿Hacen deporte en tu instituto?

9. Habla un poco de las instalaciones deportivas que hay en tu instituto.

Vocabulario: El deporte

En Irlanda jugamos al	• baloncesto
En Irlanda nos interesa (el/la)	• hockey
A mí me gusta (el/la)	• fútbol (gaélico)
No me gusta (el/la)	• hurling
Juego al	• rugby
Me interesa (el/la)	• ciclismo
No me interesa (el/la)	• nadar
Odio (el/la)	• alpinismo
	• golf
	• equitación
	• patinaje artístico/sobre hielo/sobre ruedas

10. Opiniones personales:

   (a) *Los videojuegos amenazan la salud – ¿Qué opinas tú?*

   Construye frases con la ayuda de este cuadro (página 22). Intenta añadir y desarrollar tus propias ideas.

Vocabulario		
(No) estoy de acuerdo con	• los que dicen que	• los juegos de vídeo son muy violentos
Yo pienso que	• pasar muchas horas	• es algo malo para todos
Según	• los expertos/las estadísticas	
En realidad	• no hay más remedio	
Hoy día	• los jóvenes no hacen deporte	
En el mundo de hoy	• faltan gimnasios en los barrios	
	• los padres no tienen tiempo	
(Con) Los avances tecnológicos	• existen desventajas	

(b) Ahora en tu cuaderno de práctica oral habla un poco de tus intereses musicales. Usa la siguiente estructura para formar tus frases.

Vocabulario: La música		
A mí me gusta	• la música pop	• de los años 50
A mí me encanta	• el ye-yé	• de los años 60; el *twist*
No me gusta	• el bakalao	• música electrónica (*dance*) de los años 80 y 90
No me gusta nada	• el hip-hop o rap	• de los años 90
Odio	• el pachangueo	• el pop latino
	• la música pop independiente	• indie pop
	• el rock	
	• la música clásica	
	• la música folclórica	• de toda la península de España: la jota; el flamenco; el pasodoble y el fandango; las sevillanas
		• de América Latina: la ranchera (de México); el merengue (la República Dominicana); salsa (de Cuba y Puerto Rico); el mambo y la rumba (de Cuba); la samba y la bossa nova (de Brasil)

Vocabulario

Mi grupo preferido es...	• Es un grupo... (rock)	• Son de Irlanda
Mi grupo preferido se llama...	• Canta música...(rap)	• Son irlandeses
Mi cantante favorito/a es/se llama...		• Es de España
		• Es español/a

Práctica oral

Pregunta a tu compañero/a de clase (después, apunta tus propias respuestas en tu cuaderno de práctica oral):

- ¿Te gusta la música?
- ¿Hay algún tipo de música que no te gusta?
- ¿Tienes un grupo/cantante favorito?
- ¿Tocas algún instrumento?
- ¿Hay músicos famosos de Irlanda? ¿Quiénes son?
- ¿Has ido a un concierto alguna vez? Describe tu experiencia.
- ¿Crees que la música es importante en la vida?

María piensa que muchas canciones en realidad son poesías. La poesía le interesa tanto que en estos momentos está leyendo algunos poemas de Pablo Neruda. Neruda nació en Chile en 1904 y recibió el Premio Nobel de Literatura en 1971.

Un extracto del libro:

6

Te recuerdo como eras en el último otoño.

Eras la boina gris y el corazón en calma.

En tus ojos peleaban las llamas del crepúsculo.

Y las hojas caían en el agua de tu alma.

Apegada a mis brazos como una enredadera,

las hojas recogían tu voz lenta y en calma.

Hoguera de estupor en que mi sed ardía.

Dulce jacinto azul torcido sobre mi alma.

Siento viajar tus ojos y es distante el otoño:

boina gris, voz de pájaro y corazón de casa

hacia donde emigraban mis profundos anhelos

Y caían mis besos alegres como brasas.

Cielo desde un navío. Campo desde los cerros.

Tu recuerdo es de luz, de humo, de estanque en calma!

Más allá de tus ojos ardían los crepúsculos.

Hojas secas de otoño giraban en tu alma.

Veinte poemas de amor y una
canción desesperada
Pablo Neruda

1. ¿Qué opinas del poema?

2. ¿Cuál es el tema principal?

3. Haz una lista de los adjetivos en el poema.

4. Haz una lista de los temas generales que suelen aparecer en poesía.

José no está leyendo la poesía en estos momentos. Está leyendo una novela de Eduardo Galeano: *Días y noches de amor y de guerra.* La novela es una crónica de un período atroz, marcado por la violencia en una zona de América Latina. La historia interesa tanto a José que casi no puede parar de leerla.

Un extracto literario

Ayer apareció muerto, cerca de Ezeiza, un periodista de *La Opinión.* Se llamaba Jorge Money. Tenía los dedos quemados, las uñas arrancadas.

En la redacción de la revista, Villar Araújo me pregunta, masticando la pipa:

__ ¿Y? ¿Cuándo nos toca a nosotros?

Nos reímos.

En la edición de *Crisis* que está en la calle, hemos publicado la última parte del informe de Villar sobre el petróleo en la Argentina. El artículo denuncia el estatuto colonial de los contratos petroleros vigentes en el país y cuenta la historia del negocio con toda su tradición de infamia y crimen.

Cuando hay petróleo de por medio, escribe Villar, las muertes accidentales no existen. En octubre de 1962, en un chalet de Bella Vista, Tibor Berény recibió tres balazos, desde ángulos diferentes y en distintas partes del cuerpo. Según el dictamen oficial, se trataba de un suicidio. Berény no era, sin embargo, un contorsionista, sino un alto asesor de la Shell. Al parecer servía, también, agente doble o triple, a las empresas norteamericanas. Más reciente, de febrero de este año, es el cadáver de Adolfo Cavalli.

Días y noches de amor y de guerra
Eduardo Galeano

1. What is the extract about?

2. What did Araújo mean by: *¿Y? ¿Cuándo nos toca a nosotros?*

3. Who was Berény and how did he die?

4. ¿Quién era Cavalli? ¿Por qué murió?

5. ¿Te gustaría leer esta novela? ¿Por qué?

1. Es de Colombia y nació en 1977. Se llama

....

6. Es de Puerto Rico y nació en 1971. Se llama

....

2. Nació en la República de Panamá en 1956 pero es español. Se llama

....

7. Es de Madrid. Nació en 1968. Se llama

....

3. Son de Montpellier, en Francia. Se llaman

....

8. Es de México. Nació en 1947. Se llama

....

4. Es el cantante de un grupo español. Parte del nombre tiene que ver con algo que se toma para calmar la tos. El grupo se llama

....

9. Es Americana de madre irlandesa. Se llama

....

5. Son de Guipúzcoa, España. El arte les influye. Se llaman

....

10. Nació en Madrid en 1975. Su padre también es cantante famoso. Se llama

....

1. Shakira, 2. Miguel Bosé, 3. Gipsy Kings, 4. Jarabe de Palo, 5. La Oreja de Van Gogh, 6. Ricky Martin, 7. Alejandro Sanz, 8. Santana, 9. Christina Aguilera, 10. Enrique Iglesias

sábado, 5 de febrero

10:30

¡Mamá!

Para que lo sepas, hemos decidido visitar a Elena y Rodrigo en Toledo. Vamos a ir en tren a las 11:15. Voy acompañada de Maribel, Diego y Alicia. Estaremos de vuelta el lunes por la tarde. Hay un tren que llega a Madrid a las 17h. Para volver a Valladolid cogeremos otro a las 18h. Tengo suficiente dinero y mi móvil. Hay que aprovechar del fin de semana largo, ¿verdad? Sobre todo antes de los próximos exámenes.

¡Hasta el lunes!

Besos,

María

1. What has María decided to do?

2. When will she return?

3. Why is she leaving now?

4. Leave a message for your friend. Include the following information:

   - Three of you have decided to go to dinner and then the cinema.

   - You are going to meet at 7pm outside the restaurant.

   - You will see the film at 10pm and then catch the last bus home.

Cuando está en Toledo, María decide mandar una postal a José.

Toledo, 6 de febrero

¡Hola Chistoso!

Aquí estoy en Toledo, como puedes ver por la postal. He decidido visitar a unos amigos porque tenemos un fin de semana de puente. Me encanta el sitio. La ciudad entera es magnífica…siglos de historia, ¡de verdad! Acabo de ver la obra maestra del artista, El Greco: El Entierro del Señor de Orgaz, en la Iglesia de Santo Tomé. Y la catedral es increíble también. Deberías verla algún día. Se dice que este sitio representa la tolerancia religiosa y étnica. Parece que en el pasado tenían los mismos problemas que ahora, ¿verdad? Me voy…hasta pronto. ¡Ojalá qué vengas algún día!

Abrazos,

María

José García
Calle de la Justicia 2, 3ºA
Puerta Vallarta 20304
México

- Pick a place you consider worth visiting in Ireland. Write a postcard in Spanish to a friend describing where you are and why it is important.

6 LA CULTURA Y EL ARTE: EXPRESAR OPINIONES

En España, el arte siempre ha sido un aspecto importante de la vida. Desde las obras maestras de la pintura del Paleolítico, en la Cueva de Altamira, hasta las obras maestras de Dalí y Picasso del siglo XX. Hoy día se puede admirar los restos de los siglos anteriores. Hay muestras de arte románico, gótico, renascentista y moderno por todas partes: en iglesias, en palacios, en castillos, en plazas y sobre todo en museos. Dos museos importantes se encuentran en Madrid: El Prado y el Reina Sofía. El Museo del Prado es una de las pinacotecas* más importantes del mundo y cuenta con una amplia colección de pintura española, italiana y flamenca. Se puede ver obras de Velázquez, Goya y El Greco entre otros.

El Reina Sofía

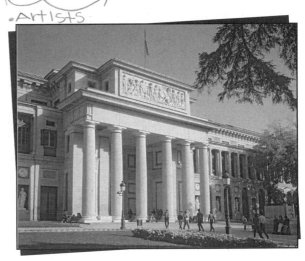

El Museo del Prado

El Museo Nacional Centro de Arte Reina Sofía (MNCARS) es el museo nacional español de arte del siglo XX (coloquialmente abreviado a Museo Reina Sofía). Fue inaugurado oficialmente el 10 de septiembre de 1992 y su nombre hace honor a la Reina Sofía de España. El museo cuenta con excelentes colecciones de los geniales Pablo Picasso y Salvador Dalí. La obra más conocida del museo es sin duda el Guernica de Picasso. También posee obras de Juan Gris, Joan Miró, Julio González, Eduardo Chillida, Pablo Palazuelo y Antoni Tàpies, entre otros. Alberga asimismo una biblioteca de acceso libre especializada en arte, cuyos fondos ascienden a más de 100.000 libros, 3.500 grabaciones sonoras y cerca de 1.000 vídeos.

* art galleries

1. How do we know that art has played an important role in Spanish history?

2. What type of art does the Prado house?

3. When was the Reina Sofía opened and who is it named after?

4. What type of art does it house?

5. What else does the Reina Sofía contain?

6. En tu cuaderno oral apunta tus respuestas a estas preguntas:

- ¿Te gusta la pintura o el arte en general?
- ¿Tienes un/a pintor/a o artista preferido/a?
- ¿Hay pintores famosos en Irlanda?
- ¿Tú crees que el arte juega un papel importante en la vida?

Después de recibir la postal de María, José decide contarle un poco del arte mejicano.

De parte de:	José
Para:	María

¡Hola viajera!
Muchas gracias por tu postal. No sabía nada del pintor El Greco. Por eso he leído unos artículos sobre él. Tuvo una vida muy interesante, ¿verdad? Aquí en México hay mucho interés por el arte también. Hay muchos artistas. No sé si oíste hablar de los pintores Frida Kahlo o de Diego Rivera. Ya están muertos pero aquí son muy famosos. Hace poco tiempo que Salma Hayek hizo el papel de Frida en una película. Su imagen de marca, lo de vestirse con el traje tradicional mexicano muestra su orgullo por ser mexicana y por su tradición cultural. Vale la pena visitar su museo si vienes algún día a México. Está en el centro de Coyoacán, en la calle Londres 247, en la Ciudad de México. Si te interesa, puedes ver todas sus obras por la red.

Ella se casó con otro mexicano, Diego Rivera, un muralista. Las obras de Rivera se pueden ver en muchos edificios públicos, ¿sabes? No hace falta visitar museos. A mí me gusta mucho como pinta. Mira, si quieres ver alguna de sus obras, aquí tienes su sitio web: http://www.diegorivera.com. Es verdad que el arte es poderoso, ¿no crees? Dicen que el *graffiti* es una expresión artística hoy día. ¿Estás de acuerdo?

Las vacaciones de Pascua se acercan. Vamos a hacer un viaje escolar a Perú para visitar Machu Picchu. Si puedo, te mandaré una postal. Vamos a subir a pie y dormiremos en tiendas de campaña. Siempre he querido visitar la zona. Nuestra profesora de historia y geografía ha organizado el viaje. ¡Ojalá que vengan pronto las vacaciones!

Hasta ahora,
José

1. ¿Quién fue Frida Kahlo?

2. ¿Cuál era su imagen de marca?

3. ¿Quién era Diego Rivera?

4. ¿Dónde pintaba?

5. ¿Qué va a hacer durante Semana Santa?

6. Busca en el texto:

   - Un adjetivo masculino singular y otro plural

   - Un ejemplo del futuro inmediato: **ir a** + infinitivo

   - Un ejemplo del subjuntivo (una pista: un deseo)

7. Busca estas frases en el texto:

   - It is worth it

   - It is said…

   - A short time ago…

   - That's why…

   - It is true that…

8. ¿Qué opinas tú del *graffiti*?

9. ¿Hacéis viajes escolares en tu colegio/instituto?

10. ¿Has tenido la oportunidad de viajar? ¿Dónde?

Is it
because
of
J.

y

Frida y Diego
vivieron en
esta casa
1929-1954

Machu Picchu

La quebrada de Picchu fue conquistada por Pachacutec, primer emperador inca (1438-1470) hacia 1440 durante su campaña hacia Vilcabamba. Machu Picchu es considerada al mismo tiempo una obra maestra de la arquitectura y la ingeniería. Está en la lista del Patrimonio de la Humanidad desde 1983. Sus peculiares características arquitectónicas y paisajísticas y el velo de misterio que ha tejido a su alrededor buena parte de la literatura publicada sobre el sitio, lo han convertido en uno de los destinos turísticos más populares del mundo y el principal de Perú, donde es un icono nacional.

El tiempo es cálido y húmedo durante el día y fresco por las noches. La temperatura oscila entre los 12 y los 24 grados centígrados. La zona es por regla general lluviosa (unos 1955 mm anuales), especialmente entre noviembre y marzo. Las lluvias, que son copiosas, se alternan rápidamente con momentos de intenso brillo solar.

Se puede acceder a pie, por ferrocarril (unas 3 horas desde Cusco) o helicóptero (30 minutos desde Cusco). La ausencia de una carretera directa al santuario de Machu Picchu es intencional y permite controlar el flujo de visitantes a la zona, que dado su carácter de reserva nacional, es particularmente sensible a las muchedumbres.

1. Where is Machu Picchu?

2. What is it?

3. What kind of masterpiece is it considered to be?

4. Who was Pachacutec?

5. Describe the climate.

6. How do you get there?

7. Why is there no main road leading to the site?

8. Debate escolar: *El turismo destruye la historia.*

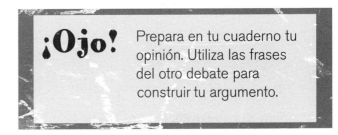

¡Ojo! Prepara en tu cuaderno tu opinión. Utiliza las frases del otro debate para construir tu argumento.

Vocabulario			
Estoy de acuerdo	con los que dicen que	el turismo (no) destruye a la historia	porque...
Creo que	es verdad que		
En mi opinión			

¡Ojo!   No estoy de acuerdo + Subjunctive
No creo que + Subjunctive

7 LA RUTINA DIARIA: EL INSTITUTO

○○○

De parte de: María

Para: José

¡Hola amigo!
¿Qué tal? Espero que bien. Yo estoy harta de todo hoy. ¡Vaya día que he tenido en el instituto! Es que los profesores no entienden que existen otras asignaturas y cosas en la vida. ¡Por Dios! no hay suficiente tiempo en un día para hacer todo el trabajo que nos dan. Creo que no puedo aguantar más. ¡Que vengan los exámenes! Tengo unas ganas de acabar con los estudios y el instituto y el estrés. Pero hay que sobrevivir a la Selectividad* primero y si todo sale bien dentro de unos meses estaré en la universidad...¡Ojalá!

¿Te encuentras en la misma situación? Sé que te gusta mucho la literatura. ¿Tienes otra asignatura favorita? La mía son las ciencias, sobre todo la química. Tenemos unos laboratorios modernos con todo lo necesario para hacer experimentos. Me encanta, de verdad. ¿Cómo son las instalaciones en tu instituto? Parece que tenéis suerte con los profesores. Nosotros no tenemos la oportunidad de viajar porque el director dice que no se puede confiar en el comportamiento de los estudiantes. Es una pena, de verdad. El viaje a Perú se acerca, ¿verdad? ¡Qué suerte tienes! Cuéntame cosas de tu instituto en cuanto puedas.

Hasta pronto,
María

* *Entrance exam to university*

1. Translate the following:

- Estoy harta
- ¡Vaya día!
- ¡Por Dios!
- Tengo unas ganas
- ¡Ojalá!

2. María está harta de su vida en estos momentos. ¿Cómo es tu vida cotidiana? Pregunta a tu compañero/a de clase. Después responde a estas preguntas en tu cuaderno de práctica oral:

- ¿A qué hora te levantas? Me levanto a las...
- ¿Te duchas?
- ¿Cuándo tomas el desayuno? ¿Qué comes?
- ¿A qué hora vas al instituto?
- ¿Cómo vas?
- ¿Cuándo empiezan las clases? ¿Cuántas hay cada día?
- ¿Cuánto duran las clases?
- ¡Hay recreo? ¿Cuándo es el almuerzo?
  ¿Hay cantina escolar?
- ¿A qué hora vuelves a casa?
- ¿Qué haces por la tarde?
- ¿Cuándo cenas y con quién?
- ¿A qué hora te acuestas?

3. Create a diary entry based on your daily routine. Include personal comments about this particular day or a particular thing that happened in school, on the way home, etc.

De parte de: **José**

Para: **María**

¡Qué onda!*

Anímate un poco. Sé que ahora es un poco pesado [heavy] pero hay luz al final del túnel, ya sabes. Necesitas cambiar tu rutina diaria. Descansa. Vete al campo para disfrutar de la naturaleza. Merienda en el patio. Ya verás, hay que equilibrar el estrés de los exámenes, ¿no crees? Estás trabajando demasiado. Relájate, lo mereces.

Aquí la Selectividad es parecida a Preparatoria o Bachillerato. La verdad es que no me apetece ver ni un libro… pero el viaje me consuela. Además el año que viene no tendré que estudiar asignaturas que no me interesan como las matemáticas y (lo siento) las ciencias. Son interesantes pero demasiado difíciles, y ya sabes que prefiero la literatura.

Mi instituto es bastante grande pero un poco antiguo. Hay campos de fútbol, béisbol y baloncesto. En mi instituto es obligatorio llevar uniforme pero no ocurre lo mismo en todos los institutos. Durante el recreo comemos molletes (pan con frijoles y queso). No hay muchos estudiantes en el instituto que sigan con los estudios porque la mayoría tienen que terminar el colegio y buscar trabajo. Así es la vida.

¿Qué sabes de la comida mexicana? Las tortillas que comemos aquí no son iguales que las de España, ¿verdad?

Escríbeme pronto,
José

* *What's up? What's happening? (used in Mexico)*

1. ¿Cuáles son tus asignaturas preferidas?

Preferencia	Asignatura	La razón
Me gusta(n)	el inglés	• porque me aburre(n)
Me interesa(n)	la historia	• porque es/son (muy/demasiado):
Me encanta(n)	los estudios empresariales	– interesante(s)
No me gusta(n)	las matemáticas	– difícil(es)
No me interesa(n)		– fácil(es)
Odio		• porque (no) me gusta el profesor/ la profesora
Detesto		

Vocabulario: Las asignaturas

el inglés	la historia
el gaélico	la geografía
el francés	la biología
el alemán	la química
el italiano	la física
el hogar	el dibujo técnico
el arte/dibujo	las ciencias
la religión	la economía
la contabilidad	el deporte/la educación física
las matemáticas	los estudios empresariales

2. Pregunta a tu compañero/a de clase y después apunta tus preferencias en tu cuaderno de práctica oral.

3. 'Llevar uniforme en el instituto debe ser obligatorio.' ¿Qué opinas tú? ¿Estás de acuerdo?

4. Haz una lista de las ventajas y desventajas de usar uniforme

- quita
- ayuda
- práctico
- igualdad
- útil

5. Describe tu uniforme: los colores, el escudo, cada prenda de vestir.

6. Eres el director/la directora de tu instituto. Los estudiantes quieren cambiar el uniforme. ¿Qué les dirías tú?

¡Ojo!

Se puede dividir la clase en dos grupos: un grupo prepara la opinión del director y el otro grupo prepara la de los estudiantes. El ganador será el que tenga el argumento más convincente.

7. Cuenta la rutina diaria de José según los dibujos:

1	2	3	4

8	9	10

11	12	13

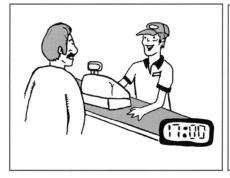  

8. Ahora apunta en tu cuaderno de práctica oral lo que haces normalmente durante el fin de semana. Anota cuándo estudias, cuándo sales con tus amigos (dónde vais), cuándo ves la televisión, cuándo escuchas la radio/música, cuándo usas la red, etc.

El diario de María

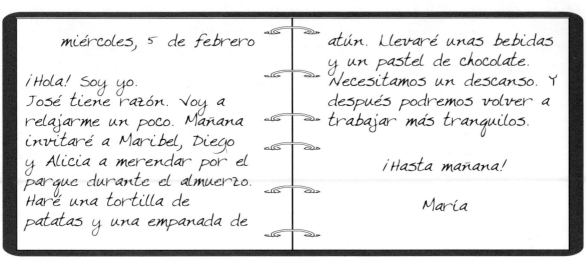

miércoles, 5 de febrero

¡Hola! Soy yo.
José tiene razón. Voy a relajarme un poco. Mañana invitaré a Maribel, Diego y Alicia a merendar por el parque durante el almuerzo. Haré una tortilla de patatas y una empanada de atún. Llevaré unas bebidas y un pastel de chocolate. Necesitamos un descanso. Y después podremos volver a trabajar más tranquilos.

¡Hasta mañana!

María

8 LA GASTRONOMÍA Y LA TELEVISIÓN

La Gastronomía Española y Mexicana

La cocina de México combina tradiciones gastronómicas antiguas de origen indígena, *native*, a las que se añadieron, a partir de la conquista de México por los españoles, la rica gastronomía española. La cocina mexicana no es ajena a las de Asia, el Medio Oriente, el resto de América Latina e incluso, de las cocinas africanas. No existe un concepto único de cocina mexicana, ya que, aunque se mantienen ciertos ingredientes y tendencias comunes entre la diversidad, se establecen diferencias de región en región, y cada estado mexicano tiene sus propias recetas y tradiciones culinarias. Existen ciertos platos de la gastronomía local que se han extendido por regiones más extensas o incluso a nivel nacional e internacional: frijoles refritos, nachos, salsa y quesadillas por ejemplo.

Al igual que ocurre en la mayoría de países, la gastronomía de España es muy distinta de unas regiones a otras; aunque es cierto que mantiene unos rasgos comunes y característicos, entre los que puede destacarse:

- El empleo de ajo y cebolla como condimentos principales
- El uso del aceite de oliva
- La costumbre de tomar algo de vino durante las comidas
- El acompañamiento con pan en la gran mayoría de las comidas
- El consumo de ensaladas, sobre todo en verano
- El consumo de una pieza de fruta o algún lácteo en el postre

¡Ojo!

Los dulces como tartas o pasteles suelen reservarse para días especiales o celebraciones.

La tortilla de México

La tortilla española

1. What influences has Mexican food incorporated?

2. What are the common features of Spanish cooking?

3. When do the Spanish eat cakes?

4. Pregunta a tu compañero/a de clase y después apunta tus respuestas en tu cuaderno de práctica oral:

   - ¿Qué sabes de la gastronomía española?

   - ¿Qué son el guacamole y las tapas?

   - ¿Cocinas? ¿Quién cocina en tu casa?

   - ¿Cuál es tu comida preferida?

   - ¿Hay algún tipo de comida que nunca probarías?

   - ¿Qué sabes de la gastronomía irlandesa? Haz una lista de las comidas típicas de Irlanda.

5. Debate en clase: 'La comida rápida: la salvación de la vida moderna'. En grupos distintos haz unas listas de las ventajas y desventajas de la comida rápida.

¡Ojo!

Da igual si no estás de acuerdo. ¡Intenta ser convincente!

Ventajas	Desventajas
ayuda a las mujeres que trabajan fuera de casa	llena de grasa/de sal
la falta de tiempo	la falta de equilibrio
es práctico	destruye la salud
	cuesta más

Viernes, 7 de febrero

21:15 horas

¡Hijo mío!

Bienvenido a casa. Siento no estar aquí. Estoy en casa de Laura viendo el último episodio en la serie de la telenovela "Rosario".

Te he dejado la cena en el frigo. Tienes que calentarla en el microondas, ¿vale? Estaré de vuelta después de medianoche. ¡Qué no me esperes levantado! ¡Que duermas bien!

Hasta mañana,

Mamá

1. ¿Dónde está la madre de José?

2. ¿Qué está haciendo?

3. ¿Qué ha dejado en el frigorífico?

4. ¿Qué tiene que hacer José con la cena?

5. Busca dos ejemplos del subjuntivo en el texto.

Las telenovelas

La telenovela (también llamada teleserie y, en España, culebrón) es un programa de televisión producido originalmente en América Latina, transmitido en episodios diarios (usualmente de lunes a viernes) y consecutivos, narrando una historia ficticia (aunque puede estar basada en hechos reales) de alto contenido melodramático. Las telenovelas latinoamericanas tienen un número limitado de episodios, no pasando normalmente de alrededor de cien o pocos cientos y de una duración de aproximadamente un año. En casos excepcionales su duración se puede extender a dos e incluso tres años. El tema central está basado normalmente en la relación entre una pareja. Las raíces de las telenovelas vienen de las novelas publicadas en la prensa y de los culebrones de la radio. Hoy día las telenovelas tratan a veces de enfrentar los problemas sociales del mundo moderno, como la violencia y el racismo. Son muy populares.

1. What is a *telenovela*?

2. How long would a series like this last for?

3. What is the storyline usually based on?

4. What do *telenovelas* try to do today?

5. En tu cuaderno oral responde a estas preguntas:

- Ves la televisión?
- ¿Tienes un programa favorito?
- ¿Qué tipo de programa es?

- ¿Cuántas horas pasas frente a la televisión?
- ¿Cómo influye la televisión en la sociedad?

Vocabulario			
(No) me gusta(n)	ver	• comedias	• series
Me encanta(n)		• culebrones	• programas en directo
(No) me interesa(n)		• documentales	• partidos de fútbol
Odio		• las noticias	
Detesto			
No puedo aguantar a			

9 PLANES PARA EL FUTURO

María decide mandar mensajes de texto a sus amigos para organizar el almuerzo después de levantarse por la mañana.

¡Hola guapos!

¿Qué os parece si merendamos en el parque después de las clases, en vez de volver a casa? He hecho una tortilla y tengo el postre. ¿Podéis llevar vosotros las bebidas y el pan? Nos iría bien tener una manta.

Mandadme un mensaje para confirmar, ¿vale?

Besos

María

Tres minutos más tarde recibe un mensaje de Diego:

¡Hola tía!*

¡Guay! Me encantaría ir pero tendría que llevar a mi hermano pequeño porque mi madre no está hoy en casa. ¿Te importa? Yo puedo llevar una ensalada y una botella de gaseosa. Dime si quieres que lleve algo más.

Hasta pronto,

Diego

* colloquial term meaning a friend who is a girl (male equivalent = tío)

Alicia responde rápidamente también:

> ¡Qué bien tía! Una idea estupenda. Yo llevo la manta y el pan, ¿vale? Tambien llevaré unas patatas y aceitunas para picar. ¿Dónde quedamos? Enfrente del instituto, ¿no?
>
> Alicia

Maribel responde a todos:

> ¡Hola a todos!
>
> ¡Qué pena! No puedo ir porque me duele la garganta. ¡Qué mala suerte de verdad! ¡Pero espero que disfrutéis mucho! ¡Por qué no pasáis por casa después de la comida? ¡Así me hacéis compañia!
>
> ¡Que os aproveche!
>
> Maribel

1. What is the plan?

2. What does Diego need to do and what does he say he will bring?

3. What is Alicia going to bring with her?

4. Where are they going to meet?

5. Why can't Maribel make it?

6. What does she ask them to do?

7. Create María's final message confirming the meeting place and time.

8. Send a message to a friend inviting them to go on an outing. Include the time, place and date and any other necessary information.

LA PLUMA

Rellena los espacios con las palabras adecuadas:

encima, ser, un, la, es, vaya, deseo, saludos, sabe, en

Cusco, 15 de abril

¡Hola María!

_____ desde Perú. ¡ _____ sitio! Es increíble, de verdad. Hay muchos turistas pero no todos consiguen su _____ : llegar a la cumbre de Machu Picchu. La altitud afecta a mucha gente aunque estén _____ forma. El poder de la naturaleza _____ muy obvio aquí, te lo juro.

En mi opinión _____ vista desde la cumbre es incomparable. Te sientes en la _____ del mundo, como _____ rey pero sin poder. Es una sensación fenomenal. Pero desde aquel día me siento alegre y mucho más tranquilo. No sé cómo describirlo, de verdad... ¿Quién _____ ? ¡Puede _____ por la altitud!

Abrazos desde Machu Picchu,

José

Maria García Izquierdo

Calderón de la Barca 5, 1ºA

Barrio de la Rondilla

Valladolid 20520

España

---

1. Where is José?

2. Is he enjoying himself? How do you know?

3. What happens to a portion of the tourists?

4. How does he describe the view?

5. Think of a place you have visited. Write a postcard to a friend describing where you are, and outline how and why you are enjoying yourself there. Recommend visiting it someday and say you would like to return.

De parte de: María

Para: José

¡Hola viajero!

Bienvenido al mundo moderno otra vez. Parece que el viaje escolar ha sido increíble. Me alegro mucho por ti. Vale la pena visitar Perú, ¿no? Quizás algún día...

Por aquí no hay nada de nuevo. Los exámenes se acercan... ¡Menos mal! Los padres de Diego acaban de comprar un ordenador y dentro de poco tendrán Internet en casa. ¿Conoces a alguien que quiera conversar con un español por correo electrónico? (Como puedes imaginarte el prefiere una chica... ¡Y mucho mejor si se parece a Salma Hayek.)

Ahora estoy pensando en mis vacaciones de verano. Mis padres tienen un apartamento en Torrevieja (en la costa). Creo que invitaré a mis amigos a pasar dos semanas allí en cuanto terminen los exámenes. Podremos tomar el sol, relajarnos en la playa y salir de fiesta por la noche. ¿Qué opinas tú? Ya sabes, si ganas la lotería, tú también puedes venir, ¿vale? ¿Qué tienes previsto tú? No puedes trabajar todo el tiempo, ¿sabes? No es muy sano.

¿Qué tal llevas los estudios? Espero que muy bien

Cuéntame tus planes.
Hasta pronto,
María

1. What is happening with Diego?

2. What are María's plans for the summer?

3. What does she suggest to José?

De parte de: José

Para: María

¡Hola María!

Los exámenes empiezan el lunes que viene y aunque no estoy preparado, intentaré hacerlo lo mejor posible. Dile a Diego que hay una chica interesada en escribirle. Ya te mandaré su dirección.

¡Qué suerte tienes! Un apartamento en la costa… ¡Espero que lo paséis muy bien! Y no te preocupes que voy a empezar a jugar a la lotería.

Este verano, tengo previsto trabajar mucho. Aquí vienen muchos turistas durante esta época del año. Pero antes de empezar la universidad voy a ir con mi familia a visitar a mi tía que vive al otro lado de México, cerca de Matamoros…¡Algo es algo! Y siempre lo pasamos fenomenal allí. Es un descanso para todos. Lo más importante ahora es ahorrar todo el dinero que pueda y conseguir una plaza en la universidad. Crucemos los dedos. Suerte con los estudios y los exámenes.

Hasta el fin de semana que viene,
José

1. What has José decided to do about his exams?

2. What are his plans for the summer?

3. What is the most important thing to him at the moment?

¿Qué tienes previsto para el verano/las vacaciones?

1. Pregunta a tu compañero/a de clase.

Necesito	• trabajar	• viajar/ir al extranjero
Tengo la intención de	• ayudar a...	• viajar/visitar a...
Pienso	• estudiar	• ir a la playa
Tengo que	• tomar el sol	• ir de vacaciones con mis amigos/mi familia
No tengo dinero para	• descansar	• ir de fiesta
Me gustaría	• relajarme	• conocer a nueva gente
	• dormir	• hacer nuevos amigos

2. Apunta tus propios planes en tu cuaderno de práctica oral. Responde a estas preguntas:

- ¿Después de los exámenes que piensas hacer? ¿Qué tienes previsto después de los exámenes?
- ¿Qué te gusta hacer cuando estás de vacaciones?
- ¿Te gusta viajar? ¿Dónde has estado?
- ¿Cuál es tu forma de transporte preferido?
- Si mañana, ganaras la lotería: ¿dónde irías?
- ¿Qué opinas de los vuelos baratos?
- ¿Es fácil viajar hoy día?
- ¿Es más seguro viajar hoy día que en el pasado?

PRÁCTICA

Postales

1. You are on holiday in Tenerife. Send a postcard home with the following information:

   - Say you are having a great time.
   - Describe where you are staying.
   - Give a brief description of what you do during the day.

2. You are in Eurolanguages College. Send a postcard home with the following opinions:

   - You are sick of the food. It is disgusting.
   - You are speaking Spanish all the time, but the teachers are strict.
   - You love the music and dancing classes at night.
   - Comment on the weather.

3. You are on holiday with your family in Barcelona. Send a postcard to your friend and include the following information:

   - Say how long you have been there and describe where you are staying.
   - Talk about the food.
   - Mention two places you have visited.
   - Say when you will be returning and whether or not you are enjoying yourself.

4. You are on a student exchange in Badajoz (Extremadura). Write to your boyfriend/girlfriend and include the following points:

   - What a place! Describe your reaction to your surroundings.
   - State what you think of your exchange student and why.
   - Outline what your day is like now.
   - Tell your boyfriend/girlfriend you miss him/her.

5. You are on a school trip to Belfast. Send a postcard to your Spanish penpal outlining the following:

   - You were surprised by how nice the city is and the friendliness of the people.
   - Describe three things you have done as a group in Belfast.
   - Tell your penpal it is worth a visit when he/she comes to Ireland.
   - Say when you are leaving.

Mensajes

1. You have just been invited to the cinema by a school friend. Leave a message for your mother stating the following:

   - Luisa called to invite you to see Almodovar's new film.
   - The film is showing at 19:45.
   - You will be back by 23:00.
   - You have enough money and your mobile.

2. While in Spain on your home stay, two friends have called round to invite you to dinner. Leave a message for the host family saying:

   - Sorry you missed them.
   - You have gone to dinner in a local restaurant with friends.
   - You will be back by midnight and have your mobile.
   - You will take a taxi home.

3. You call to a friend's house and find he/she is not at home. Leave a message explaining the following:

   - Say you had come to invite him/her to the theatre.
   - A famous comedian that you both like is on stage.
   - Some of the others from school are going too.
   - You will all be meeting outside the theatre at 20:15.
   - The show will begin at 20:30 and tickets cost 10 euros with a student card.
   - Ask your friend to send a text message if he/she is coming.

4. You are going to see a new band tonight. Leave a message for your friend who plays drums:

   - State where you are going, with whom and at what time.
   - Indicate what type of music this group plays.
   - Say you have a ticket for him/her and will leave it at the entrance.
   - Say that afterwards you are going for something to eat.

5. Leave a message for your brother, including the following information:

   - You are spending the night queuing for tickets for a concert.
   - State who will be with you.
   - Ask him if he wants a ticket.
   - Mention how much the tickets cost and when and where the concert will be taking place.
   - Tell him to ring you on your mobile phone.

Diarios

1. You have just spent the day shopping with your older sister/brother. You didn't get very much. Your sister/brother wasn't happy. Describe your day in diary entry form.

2. You had a great day today. The first day of exams went well. Your months of study and preparation have paid off. You are wondering how tomorrow will go. Write a diary entry based on these thoughts.

3. Your brother is driving you mad. He is a few years younger than you and doesn't appreciate that you need time to yourself. Your mother is no help because she tells you to put up with it. You are sick of living at home right now. You can't wait for the freedom of college! Describe these feelings in diary entry format.

4. You have just got in from your part-time job. What a day! You really need patience when dealing with the public. You are seriously reconsidering your decision to become a flight attendant/ steward (*azafata/auxiliar de vuelo*). Describe your thoughts in a diary entry format.

5. You are home after a night out with your friends. It is about 4 a.m. Jot down in your diary what happened that night and how you feel about it.

6. You were invited to dinner by a girl/boy from school for Valentine's Day. You were taken to a lovely restaurant and had a delicious meal. Then you met up with friends at the disco. You are now home. Write about how the night went and where you think things will go next in your diary.

7. Your parents have just told you that you are going to Australia for the summer. Describe your reaction to this news in your diary.

8. You have just got your exam results. They weren't what you were expecting. Write about your reaction in your diary. Include what you are planning to do now.

9. Your parents have left you and your younger sister at home for two weeks. You just got in to find your sister throwing a party. You know the house will be destroyed. Write about how you coped with this situation in your diary.

10. Your best friend has changed his/her mind about what they are going to do next year. How will this affect you? Write about the consequences of his/her decision and your feelings towards him/her now in your diary.

SECCIÓN 2
CARTAS FORMALES Y DIÁLOGOS

1 ESCRIBIR CARTAS FORMALES

In Spanish, as in English, there are different types of letters. Here are some examples:

- Informal letters, also known as sociable letters

- Formal or business letters

- Personal letters written for specific social occasions, such as weddings, christenings, bereavement, etc.

Writing is a highly complex process that requires a lot of preparation and practice, and it becomes even more challenging when it has to be done in another language with its own grammatical rules and cultural norms. The objective of this section is therefore to provide the preparatory work necessary to improve your letter-writing skills.

In this section, you will learn the writing skills necessary to compose formal letters and (in)formal messages. You will study different types of letters suited to a variety of everyday situations, with useful examples provided to guide you in your own writing.

1.1 Guidelines for writing letters

Be clear

Convey your message in such a way that the reader knows exactly what you're trying to say.

Be concise
- Keep the writing simple so that the reader will not be confused.
- Do not use twenty words to say something that can easily be conveyed in eight words.

Use the correct register
- A formal letter is always written in a formal style (in Spanish, use the third person or the third conjugation of a verb when addressing the reader).
- When writing a formal letter, do not switch to an informal style at any stage of the letter, as it does not make a good impression.

Use correct grammar

Grammatical accuracy is the main characteristic of a well-written letter, as it reflects an educated writing style. Remember that in spoken language we tend to get away with making errors, but in writing, mistakes are not as easily overlooked.

Include all the points you wish to make

At times, our writing does not reflect everything that we want to communicate. We set out to write about *x*, *y* and *z*, but often we end up omitting the *z*, which can make our letter incomplete in the best of cases and even lose us marks in an exam situation.

Always proofread your letter

- Read over your letters or ask someone to do it for you, to make sure that the points mentioned above have been followed.

- If possible, use the spell check on the computer to detect potential spelling mistakes. However, be careful not to introduce new errors, as computer spellchecks can often make mistakes.

- Do not use translation websites on the Internet to translate your letter into Spanish, as they are highly inaccurate.

- If everything else fails, your teacher will help!

¡Ojo!

Remember, in an exam situation:

- Always say what you can say, not what you want to say!
- ¡MUCHA SUERTE!

1.2 Formulas used in Spanish letters

Opening formula – Encabezamiento

Informal register

- When you know the person to whom you are writing:

- For friends:

Querido Marc:	Hola Marc:
Querida María:	Hola María:
Querido amigo:	Queridos amigos:
Querida amiga:	Queridas amigas:

Semi-formal register

- When you wish to address someone you know without calling them by their first name (e.g. your friend's parent, your neighbour, your teacher, etc.):

  Querido Sr. Fernández:
  Querida Sra. Hernández:

- When you know someone on a first-name basis, but you do not know each other very well:

  Estimado Juan:
  Estimada María:

Formal register

- When you do not know the person to whom you are writing:

The most common opening formulas are:

Muy señor mío:	Dear Sir
Distinguido señor:	"
Estimado señor:	"
Estimada señora:	Dear Madam
Distinguida señora:	"
Muy señora mía:	"

The following formulas are to be used when addressing more than one person:

Masculine plural:	*Feminine plural*:
Muy señores míos:	~~Distinguidas~~ Estimadas señoras:
Distinguidos señores:	Estimados señores:

- When you know the person to whom you are writing:

Estimado Sr. López:

Estimada Sra. Gómez:

¡Ojo!

Note that the abbreviated forms 'Sr.' and 'Sra.' are spelt with capital letters and a full stop.

Introducción – Introduction

Usually, formal and informal letters start with ready-made formulas that often refer to a previous letter. In this section you will find many similar phrases that can be applied in more than one situation. However, some formal letters can use quite specific *frases hechas*, or ready-made sentences.

Fórmulas de despedida – Closing formulas

Make sure you practise using at least two closing formulas for each type of letter (one singular and one plural). Learn them well, and when you do, just stick with them.

Formal register	
Le saluda atentamente	Yours sincerely
Le saludo atentamente	
Atentamente	
Agradeciendo de antemano su atención, le saluda atentamente	Thanking you in advance for your attention, Yours sincerely
A la espera de sus prontas noticias, los saludo atentamente	Awaiting your response, Yours sincerely

Informal register	
Tu buen amigo	Besos
Tu buena amiga	Un abrazo muy fuerte
Hasta luego	Besos y abrazos
Hasta pronto	Un abrazo de tu amigo/a
Hasta la próxima vez	

1.3 Layout of a formal Spanish letter

The layout of a formal letter is as follows:

Remitente/Sender: The sender's address is on the top left-hand corner

Sally O'Mara

16 O'Connell St.

Limerick

Irlanda

Fecha/Date: The date is on the right.

20 de octubre de 2006

Destinatario/Receiver: The recipient's address is on the left, beneath the sender's address

Oficina de Información y Turismo

Princesa 5

Barcelona

España

Encabezamiento/Opening formula: positioned on the left below the recipient's address.

Opening formula

Body of the letter

Cuerpo de la carta/ Body of the letter

Fórmula de despedida/ Closing formula: stands on its own, detached from the body of the letter.

Closing formula:

¡Ojo!

- When the full address of the sender is given, you do not need to write the name of the city/town with the date!
- When writing the body of your letter, you should begin with the most important points and leave the less important points to the end.

1.4 Carta a una agencia de viajes – Letter to a travel agency

Sally O'Mara

16 O'Connell St.

Limerick

Irlanda

20 de octubre de 2006

Oficina de Información y Turismo

Princesa 5

08007 Barcelona

España

Estimado señor:

Le escribo porque mi marido y yo queremos pasar nuestras vacaciones en su región durante el mes de julio.

Le ruego nos envíe una lista de hoteles y pensiones, de precio medio, en Barcelona y los pueblos de la provincia. — *surrounding towns* — *hostel/b.b Average price*

También me interesaría obtener información sobre excursiones en autocar a lugares de interés de la zona.

Agradeciendo de antemano su atención, lo saluda atentamente,

Sally O'Mara

1. Busca en la carta as palabras/expresiones siguientes:

- I would be interested in obtaining information about... *me interesaría obtener información sobre*
- Please send us... *le ruego nos envíe*
- Also... *También*
- Coach trips *excursiones en autocar*
- Places of interest... *de interés de la zona.*
- We wish to spend our holidays... *queremos pasar nuestras vacaciones*
- During the month of... *durante el mes de*

2. Busca los errores y compáralos con tu compañero/a:

De parte de:	Pablo Perezoso
Para:	info@informaciónavila.es

Estimado señora

Mi familia y yo queriemos pasar nuestros vacacione en tu región durante el mes de Julio. Le rogo nos envíes una lista de hoteles y albergues de su region. También quisiera obtener más información sobre las excursions en autocar a los lugares de interés de la zona.

Agradeciendo de antemano su atención, le saluda atentamente

Pablo Perezoso *(lazy Pablo)*

1.5 Reserva de camping – Booking a campsite

Connor Rowan

12 Thomas St.

Limerick

Irlanda

17 de junio de 2006

Camping Estrella

Sr. Roberto Laredo

29007 Málaga

Muy señor mío:

Un amigo que suele acampar en la zona me ha recomendado su camping, por lo que quisiera reservar una plaza para una tienda y una caravana para el mes que viene.

Tres amigos y yo queremos pasar allí una semana, desde el 18 al 25 de julio inclusive. Le agradecería que me confirmara la reserva lo antes posible y que me dijera si se requiere depósito.

Además le ruego me diga si hay una playa y una estación de ferrocarril cerca del camping. También le estaría muy agradecido si me enviara un folleto y una lista de precios.

A la espera de su confirmación, le saluda atentamente,

Connor Rowan

LA PLUMA

1. Ordena las frases de la carta y escríbelas en tu cuaderno en el orden correcto:

   - Quisiera reservar una plaza para una tienda y una caravana. *4*
   - Queremos pasar una semana en su región. *5*
   - Un amigo que suele acampar en la zona me ha recomendado su camping. *3*
   - Le agradecería que me confirmara la reserva lo antes posible. *7*
   - Muy señor mío: *2*
   - 12 de mayo *1*
   - Le saluda atentamente, *8*
   - También le estaría muy agradecido si me enviara un folleto.
   - desde el 18 al 25 de julio inclusive. *6*
   - el mes que viene *7*

2. ¿Qué frases te parecen útiles y crees que puedes utilizar en varias cartas formales?

3. Learn the following expressions:
   - ¿A qué hora cierra el albergue? *youth hostel.*
   - ¿Cuánto cuesta la pensión completa? *how much full board*
   - ¿Cuánto cuesta la media pensión? *half board*
   - ¿Cuánto es por día? *how much por day*
   - ¿Cuantas camas tiene su hostal? *how many beds is there*
   - ¿Tiene dos camas libres? *2 free beds.*
   - ¿Cuál es el precio de alquiler de un saco de dormir? *price sleeping bag*
   - ¿Necesitamos llevar sábanas y sacos de dormir? *sheets & sleeping bags*
   - ¿Hay sitio para tiendas? *Do you have room for tents*
   - ¿Hay habitaciones para familias? *family rooms*
   - ¿Hay cocina disponible? *kitchen available*
   - ¿Hay sitio para una caravana? *site/room for caravan*
   - ¿Hay parcelas libres? *Any free plots.*
   - ¿Hay aseos y lavaderos? *Toilets + washing facilities*
   - ¿Hay medios para lavar la ropa? *Are there facilities for washing clothes*
   - ¿Hay una cancha de tenis/una sala de televisión/un salón social en su camping? *tennis court, television room / social room*
   - ¿Hay una estación de ferrocarril cerca de allí? *train station near there*
   - ¿Hay una parada de autobús cerca? *bus stop near by*

- Queremos saber si hay agua corriente/comedor/lavandería/parque infantil. *running water dining room laundry. children play park*

- ¿Se puede alquilar sacos de dormir y sábanas? *Can you hire sleeping bags & sheets*

- ¿Se sirven comidas? *Do you serve food*

- ¿A qué hora se abre/se cierra la oficina? *What time does office close*

- ¿Se sirve desayuno/almuerzo/cena? *Do you serve breakfast, lunch, dinner*

4. Fill in the gaps in the letter with the correct words from the list below, and then translate the letter into English:

Tenemos, saluda, autobús, folleto, sitio, libres, tienda, alquilar, detalles, somos, años, al, camping, de, desde, haya *subjunctive*

Dublín, 3 de febrero

Muy señor mío,

Queremos pasar las vacaciones de Pascua en su región y quisiéramos quedarnos en su camping cuatro días desde el 5 al 9 de abril inclusivo.

Somos cinco en la familia: dos adultos y tres niños de once a trece años de edad.

Esperamos que haya parcelas libres en su camping. Necesitamos una tienda individual y una doble y también sitio para una caravana.

Aunque tenemos una caravana no tenemos tiendas y sacos de dormir. ¿Se pueden alquilar? Además, queremos saber si se sirven comidas y si hay una parada de autobús cercana.

Le ruego me envíe un folleto sobre esta zona turística y más detalles sobre los servicios ofertados por su camping.

Le saluda atentamente,

Tony McKernan

1.6 Reserva de habitación en un hotel – Booking a hotel room

I. Lee estos textos a voz alta:

1. Hotel Tierra del Fuego

Matalascañas, Avenida de Madrid, 48

75€ por habitación/por noche

El hotel Tierra del Fuego se encuentra en Matalascañas, una preciosa ciudad ubicada en la provincia andaluza de Huelva. Los huéspedes pueden beneficiarse de los numerosos servicios del hotel, entre los cuales encontrarán servicio de alquiler de vehículos.

2. Hotel Margarita

El Puerto de Santa María, Calle Virgen de los Milagros, 27

161€ por habitación/por noche

El hotel Margarita es una maravillosa construcción del siglo XVIII, construida inicialmente como un monasterio y totalmente reformada en un hotel de alta calidad, que mantiene su arquitectura original.

3. Hotel Felipe V

El Puerto de Santa María, Camino de los Enamorados, s/n

68€ por habitación/por noche

Situado en un escenario natural único, rodeado de dunas, bosques e interminables playas de arena con aguas cálidas, el hotel acoge a los huéspedes en una atmósfera agradable y simpática en El Puerto de Santa María, en el sur de España.

Max Doyle

Knockduff

Kinsale

Cork

Irlanda

12 de abril de 2006

Hotel Estrella

C/Orense s/n

28080 Madrid

Muy señor mío:

Queremos pasar nuestras vacaciones en su región durante el mes de mayo.

Somos cinco en la familia: dos adultos y tres niños.

Rogamos nos reserven una habitación doble con baño y tres habitaciones individuales con ducha, desde el día 15 de mayo hasta la noche del 20 de mayo inclusive.

También quisiera obtener más información sobre su región.

Le ruego me envíe un folleto sobre esta zona turística y una lista de precios por favor.

Le saluda atentamente, a la espera de su confirmación,

Max Doyle

Hacer una reserva

(a) Opening formulas

1. Le escribo de parte de mi familia *I am writing to you on behalf of my family*
2. Le escribo de parte de un grupo escolar de quince estudiantes y dos profesores *15 students 2 teachers*
3. Le escribo de parte de mis amigos *on behalf of my friends.*

(b) How many people are going?

1. Somos cinco en la familia: dos adultos y tres niños
2. Somos treinta y cuatro en el grupo: treinta estudiantes (de diecisiete años) y cuatro profesores *30 students 17 years 4 teachers*
3. Somos un grupo de veintiséis estudiantes, todos de una edad aproximada a los dieciséis años, acompañados por cuatro profesores *26 students aproximately 16 year acompanied by 4 teachers*

(c) To do what?

1. Mi familia y yo queremos pasar tres días/una semana/ocho días *3 days/1 week/8 days*
2. Queremos pasar nuestras vacaciones *we want to spend our holidays.*
3. Queremos pasar las vacaciones de Pascua/Navidad *we want spend Easter/Christmas holidays*

(d) Where?

1. en su región *- in your region*
2. en Lima *- in peru.*
3. en el sur/norte de España *South/North*
4. en el oeste de México *west of Mexico*

(e) What is the duration of the stay?

1. Quisiéramos quedarnos en su hotel durante tres días *3 days in your hotel*
2. Queremos pasar nuestras vacaciones *spend holidays*
3. Queremos quedarnos en su hotel durante cinco noches *5 nights*
4. Queremos quedarnos en su hotel durante un fin de semana *weekend in hotel*
5. Llegaremos el día de 29 de agosto y nos quedaremos hasta el 5 de septiembre *will arrive 29th august stay until 5th september*

(f) From when until when?

1. Desde el 12 de julio hasta el 15 de julio
2. Del 7 al 14 de abril
3. Del 29 de agosto al 3 de septiembre inclusive
4. Desde el 5 al 9 de abril inclusive
5. Desde el principio de marzo al final de abril
6. Llegaremos el día de 29 de agosto y nos quedaremos hasta el 5 de septiembre

(g) What type of accommodation is needed?

1. Quisiera reservar una habitación individual con baño y una habitación con tres camas
2. Quisiera reservar tres habitaciones
3. Necesitamos reservar cuatro habitaciones individuales con baño
4. Quisiéramos reservar diez habitaciones individuales con baño
5. Necesito una habitación doble con ducha y vistas al mar

(h) Asking for confirmation of reservation and additional information

1. Le ruego me confirme la reserva de la habitación
2. Le ruego/rogamos nos confirme la reserva de la habitaciones
3. También le estaría muy agradecido si me enviara un folleto y una lista de precios
4. Le ruego me mande una tarifa de precios/le ruego me comunique los precios
5. Le ruego me envíe un folleto sobre esta zona turística y detalles sobre los servicios ofertados por su hotel
6. Rogamos nos envíe una lista de precios por favor
7. También le estaría muy agradecido si me enviara un folleto y una lista de precios
8. También, quisiera obtener más información sobre su región
9. Le ruego me envíe un folleto sobre esta zona turística y detalles sobre los servicios que ofrece el hotel por favor
10. ¿Es posible reservar una habitación con terraza y vistas al mar?
11. ¿Se puede reservar una habitación en la planta baja?
12. ¿Me puede decir si tiene sitio/habitaciones libres?
13. ¿Me puede enviar una lista de precios por favor?
14. ¿Me puede decir si hay que pagar un suplemento para una habitación con vistas al mar?
15. ¿Me puede decir cuánto le mando como depósito?/¿Se requiere pagar depósito?
16. Le ruego me informe sobre el depósito que debo remitirle
17. ¿Nos puede enviar más información al respecto?

(i) Enquiring about facilities available and services offered

1. Necesitamos saber si hay un restaurante cerca del hotel
2. Además, quiero saber qué facilidades hay para los niños
3. También queremos saber si hay un aeropuerto cerca
4. ¿Hay facilidades para los niños?/¿Hay piscina?¿Hay calefacción central?
5. ¿Se puede pagar con tarjeta de crédito?
6. ¿Hay acceso para minusválidos?/¿Tiene el hotel ascensor?
7. ¿A qué hora se sirve el desayuno/almuerzo y la cena?
8. ¿A qué hora se cierra el restaurante?

9. ¿Hay una estación de trenes cerca de su hotel?

10. ¿Qué facilidades ofrece su hotel?/¿Qué lugares de interés turístico hay en la zona?

11. ¿Qué hay que ver en los alrededores de Madrid? No conocemos la región./¿Qué nos recomienda?

12. Si no hay sitio en su hotel, ¿puede recomendarnos otro de tres estrellas en la misma zona?

2. Fill in the grid with the corresponding information in Spanish:

I'm writing to you	on behalf of	• my friends • my family
There are	five adults/teachers and three children/students	in the family/group
We would like	to spend our holidays	in the south of Spain
We wish to stay	in your hotel / campsite	for three days/a weekend
We are going to stay	from the 2nd of May	until the 9th of May
We would like to reserve	a room with three beds	with sea view/terrace/ central heating
Please confirm	the reservation	as soon as possible
We would also like to know	if there is a swimming pool	in/near the hotel
Furthermore, I would like to know	if there is a train station	in the vicinity

1.7 Alquiler de una casa de vacaciones – Renting a holiday home

Matthew MacDonald

22 Alfonso St.

Nenagh

Irlanda

12 de julio de 2006

Agencia Larea

C/Arenal, 32

28080 Madrid

Muy señor mío,

Le escribo en relación con el anuncio aparecido en el diario "La Provincia" del pasado domingo, en el que ofrecen un chalet en alquiler en Córdoba.

Mi familia y yo queremos pasar un mes en esta región. Hay seis personas en mi familia: dos adultos y cuatros menores de diez años.

Necesitamos un chalet bastante grande. Quisiera saber si el chalet tiene espacio para seis personas y si estará libre durante cinco noches en el mes de agosto.

Le ruego me envíe más detalles al respecto. También, le ruego me mande una foto del chalet.

Le saluda atentamente, a la espera de sus noticias,

Matthew MacDonald

1. Lee los anuncios y contesta a las preguntas:

Alquiler y alojamiento en diferentes apartamentos y casas en la costa norte de Menorca

Nuestra selección de apartamentos y casas se encuentran en la zona de las playas de Fornells, Arenal d'en Castell y Son Parc en la costa norte de Menorca, un lugar de increíble belleza. Muchos de los alojamientos disponen de piscina, y la mayoría se encuentran junto a la playa y con bonitas vistas al mar.

Apartamentos Pez de Oro. Coquetos apartamentos de un dormitorio, en primera línea, dos piscinas y jardines comunitarios. Maravillosas vistas al mar. Precios entre 60 y 125€ por noche.

Arenal d'en Castell. Edificio de tres apartamentos situado en un lugar privilegiado al este de la playa del Arenal d'en Castell en Mallorca. Desde sus terrazas se accede directamente a la playa de fina arena. 160€ por noche.

Apartamentos Pez de Oro

Costa Norte de Mallorca. Apartamentos de dos dormitorios recién reformados con todas las comodidades: aire acondicionado con bomba de calor, lavadora, secadora. Precios desde 70–150€ por noche.

Arenal d'en Castell. Apartamentos Arcus Iris. Conjunto de cinco apartamentos de varias capacidades de estilo rústico menorquín con solarium, piscina y con magníficas vistas a la playa del Arenal d'en Castell y a la Costa de Son Saura. 80–170€ por noche.

Apartamentos Arcus Iris

Arenal d'en Castell. Apartamentos Rocas Marinas. Complejo de dos edificios con apartamentos de 1, 2, 3, ó 4 dormitorios en primera línea de mar con espléndidas vistas al faro y entrada al puerto de Macaret, cerca del Arenal d'en Castell en Menorca. 100–220€ por noche.

Menorca, rural. Alquiler Casas – Villas – Fincas: Alquiler de finca centenaria con piscina privada a tan sólo cinco minutos de una de las mayores playas de Menorca para disfrutar de una especial tranquilidad. 180–280€ por noche.

Apartamentos Rocas Marinas

(a) Which building is situated in an exclusive area?

(b) Which apartments have been renovated?

(c) Where can you find one-bedroom apartments?

(d) Which complex offers a communal garden and great sea views?

(e) From which building is there direct access to the beach?

(f) Which apartment offers air conditioning and a tumble dryer?

(g) From which apartment complex there is a spectacular lighthouse view?

Vocabulario sobre trenes – Railway vocabulary

The railway station – La estación

ticket collector	el revisor	change train	cambiar de tren
to (destination)	con destino a	ticket office	ventanilla
dining car	el coche restaurante	track	vía
information office	ventanilla de información	from	de/procedente de
left luggage lockers	la consigna automática	left luggage	la consigna
platform	andén	on time	puntual
arrivals	llegadas	waiting room	sala de espera
		departures	salidas

Verbs – Verbos

to be late	llevar retraso	to arrive	llegar
to miss the train	perder el tren	to pay	pagar
to buy	comprar	to book	reservar
to get on	subir	to get off	bajar
to change trains	hacer transbordo		

The tickets – Los billetes

return ticket	billete de ida y vuelta	second class	segunda clase
single ticket	billete de ida	standard rate	tarifa normal
booking	la reserva	first class	primera clase
public holidays	días festivos	reduced rate	tarifa reducida
reservation	la reserva	one-way ticket	billete de ida solamente
timetable	horario	week days	días laborables

The train – El tren

fast train	un expreso/talgo	express train	tren rápido
luggage rack	portaequipaje	local train	un tren de cercanías
coach	un vagón	sleeper	un coche-cama
'Do not lean out of the window'	'No asomarse por la ventana'		

2. Translate the following phrases:

(a) I would like to buy two return tickets.

(b) We need three one-way tickets to Granada.

(c) Could I have a train timetable, please?

(d) Could you please tell me at what time the train from Madrid arrives?

(e) The train from Buenos Aires is late.

(f) At what time will the train arrive?

(g) The train will arrive twenty minutes late.

(h) Do the students pay standard rate?

(i) We would like to buy four second-class tickets.

(j) At what time does the express train leave?

1.8 Queja a una agencia de viaje – Complaining to a travel agent

Lee la carta siguiente:

Eileen Jones

Hazelhouse No2

Ennis

Irlanda

12 de septiembre de 2006

Agencia Viaje de Sueño

Plaza Real, 23

23124

Barcelona

Señores,

El motivo de esta carta es presentar una queja sobre la calidad de las vacaciones que su agencia me había reservado hace dos meses.

Durante el mes de junio alquilé uno de sus chalets en el sur de Granada. Lamento decir que no quedé satisfecha con la calidad del alojamiento. Los servicios y la calefacción no funcionaban y las ventanas no se cerraban bien. Tampoco había agua caliente y durante la noche había mucho ruido que venía de las calles.

Además, la descripción del chalet en su folleto es engañosa, porque el chalet no estaba situado cerca del centro sino a una distancia de cuarenta minutos a pie. Por consiguiente, quiero decir que nunca volveré a utilizar los servicios ofertados por su agencia y le pido un reembolso del cincuenta por ciento del precio total.

A la espera de sus prontas noticias los saludo atentamente.

Eileen Jones

Vocabulario

Opening phrases

I am writing this letter to inform you that	Le escribo esta carta para informarle de que
The purpose of this letter is to inform you that	El motivo de esta carta es de informarle de que
I regret to inform you that	Siento informarle de que
I regret saying that	Lamento decir que
The purpose of this letter is to complain about	La intención/el motivo de esta carta es presentar una queja sobre
I have to complain about	Tengo que quejarme de
I am disappointed with	Estoy decepcionado/a con
I am dissatisfied with	Estoy descontento/a con
I'm not satisfied with	Estoy insatisfecho/a con
I am not entirely pleased about	No estoy completamente satisfecho/a con
I wasn't totally satisfied with	No quedé en absoluto satisfecho/a con

What exactly is the complaint about?

my stay	mi estancia
our stay	nuestra estancia
my holidays	mis vacaciones
the quality of my/our accommodation	la calidad de mi/nuestro alojamiento
the quality of the accommodation	la calidad del alojamiento

Give details about the duration of your stay:

during the month of July/August	durante el mes de julio/agosto
during the Easter/Christmas holidays	durante las vacaciones de Navidad/Pascua
this summer/autumn	este verano/otoño
last June	el junio pasado
a month ago	hace un mes
my family and I	mi familia y yo
my friend/s and I	mi/s amigo/s y yo
a group of six students and two teachers	un grupo de seis alumnos y dos profesores
I spent	pasé
we spent	pasamos
they spent their holidays	pasaron sus vacaciones
they spent two weeks	pasaron dos semanas
we spent three days	pasamos tres días
I spent a weekend	pasé un fin de semana
in your hotel	en su/vuestro hotel
in your region	en su/vuestra región
in your campsite	en su/vuestro camping
in your youth hostel	en su/vuestro albergue juvenil
in your chalet/cottage	en su/vuestro chalet
from…until	desde…hasta
	del….al
from the 16th of July until the 30th of July	desde el 16 de julio hasta el 30 de julio
from the 23rd of May until the 26th of May	desde el 23 de mayo hasta el 26 de mayo
from the 29th of August until the 3rd of September inclusive	del 29 de agosto al 3 de septiembre inclusive
from the 5th until the 9th of April	desde el 5 al 9 de abril inclusive
from the beginning of…until the end of…	desde el principio del…al final de…

Say what was wrong with the place or what went wrong during your stay:

Something wasn't working…	*Algo no funcionaba…*
the lift wasn't working	el ascensor no funcionaba
the television wasn't working	la televisión no funcionaba
the light wasn't working	la luz no funcionaba
the key wasn't working	la llave no funcionaba
the heating wasn't working	la calefacción no funcionaba
the toilet wasn't working	la cisterna de baño no funcionaba

There was no…	*No había…*
there was no airport near the hotel	no había aeropuerto cerca del hotel
in my bathroom/in my room:	en mi cuarto de baño/en mi habitación:
• there was no soap	• no había jabón
• there was no toilet paper	• no había papel higiénico
• there was no hot water	• no había agua caliente
• there was no towel	• no había toalla
• there was no air conditioning	• no había aire acondicionado
• there was no central heating	• no había calefacción central

There was/there were	*Había/habían*
• there was lots of noise at night	• había mucho ruido por la noche
• there was a lot of noise coming from the streets	• había mucho ruido que venía de las calles

The service received was of bad quality:

• the beds were never made	• las camas nunca estaban hechas
• the room was never clean	• la habitación nunca estaba limpia
• the cleaning staff were very rude	• el personal de limpieza era maleducado
• the receptionist was rude	• la recepcionista era maleducada
• the bathroom was infested with cockroaches	• el cuarto de baño estaba infestado de cucarachas
• there were cockroaches in the room	• había cucarachas en la habitación
• the service was of bad quality	• el servicio era de mala calidad

The content of the brochure was misleading:

• the description of the chalet/hotel/campsite in the brochure is deceptive	• la descripción del chalet/hotel/camping en el folleto es engañosa
• it does not correspond to the brochure	• no se parece a la del folleto

Ask for a refund:

• for these reasons I'm requesting a refund	• por estos motivos pido un reembolso
• I'm asking you for a 50 per cent refund of the total cost	• le pido un reembolso del cincuenta por ciento del precio total

Closing formulas:

Yours sincerely	Le saluda atentamente
Thanking you in advance for your attention, Yours sincerely	Agradeciendo de antemano su atención, le saluda atentamente
Awaiting your response, Yours sincerely	A la espera de sus prontas noticias, los saludo atentamente

LA PLUMA

I. Fill in the sections of the following grid with two full sentences:

Carta de queja

1. Opening phrases	1_____ 2_____
2. What exactly is the complaint about?	1_____ 2_____
3. Details about the duration of your stay	1_____ 2_____
4. Say what was wrong with the place or what went wrong during your stay	1_____ 2_____
5. The service received was of bad quality	1_____ 2_____
6. Say that the content of the brochure was misleading	1_____ 2_____
7. Ask for a refund	1_____ 2_____
8. Sign off the letter	1_____ 2_____

2. You and your family spent two weeks in Costa del Sol in a hotel. Write a letter of complaint to the manager of the hotel in which you explain that you weren't entirely satisfied with the quality of your accommodation, as during the night there was constant noise and the service you received was very poor (give two examples). For those reasons you ask for a 50 per cent refund of the price you have paid.

1.9 Objetos perdidos – Lost objects

¿Qué significan estas palabras?

Depués se puede relacionar algunas palabras con los dibujos.

un collar

los pendientes

una cámara

una tarjeta de crédito

un pasaporte

un abrigo

una cámara fotográfica

las llaves

una maleta

un bolso

un monedero

una cartera

un reloj

el paraguas

la chaqueta

dinero

un billetero

LA PLUMA

Vocabulario – Siento informarle de que...

he perdido	mi	• maleta	• chaqueta
me han robado	mis	• bolso	• collar
hemos perdido	nuestra(s)	• monedero	• pendientes
nos han robado	nuestro(s)	• billetero	• cámara
		• cartera	• tarjeta de crédito
		• reloj	• pasaporte
		• llaves	• abrigo
		• paraguas	• cámara fotográfica
		• dinero	

lo he dejado	en el autobús	esta mañana
la he dejado	en el metro	esta tarde
lo hemos dejado	en el taxi	esta noche
lo(s) robaron	en el restaurante	hace dos días
la robaron	en el cine	ayer por la mañana
lo perdí	en el parque	a las ocho de la tarde
la perdí	en el aeropuerto de Madrid	el día 29
	en la estación de trenes	a las siete aproximadamente
	en la tienda	a las ocho o a las nueve
	en el hotel	
	en la calle Ruiz	

contiene	• dinero	• mi pasaporte
contenía	• todo mi dinero	• mi billetero
	• mi monedero	• mi ropa
	• mi cámara	• mis gafas
	• mis llaves	• mi reloj
	• mi tarjeta de crédito	
es	• de color azul/amarillo	• de cuero de imitación
	• negro/a, blanco/a	• bastante nuevo
	• grande/pequeño/a	• de la marca Omega/Siemens
	• de oro	• muy caro/a
	• de cuero	• un regalo
lleva	mi nombre y mi dirección	

1. You are in Mexico on holidays with your family and you have just discovered that your wallet has been lost. Luckily, there is a police station right around the corner from the restaurant you were in. At the police station provide the following information:

   - What happened?

   - When and where did it happen?

   - Describe the color and the contents of the wallet.

2. In pairs, write down **two** other scenarios, and write down the necessary information that you need to provide when reporting the incidents.

   Be as creative as you wish! For example:

   You are a celebrity on holiday in Argentina and you have lost a very expensive watch/piece of jewellery, etc.

1.10 ¡A la búsqueda de trabajo! – In search of a job!

¿Qué significan estos verbos?

Se busca   Se necesita

Se requiere   Se precisa

Se solicita

Ofertas de trabajo

I. Compare the following job offers. Which one is most appealing to you? Why?

A.

TRABAJO DE:	CAMAREROS
Descripción de la oferta:	Solicitamos camareros de sala para trabajar en lujoso restaurante de nueva apertura en Barcelona
No. puestos vacantes:	12
Funciones:	• Se busca: chicos o chicas con experiencia como camarero de sala de al menos 2 o 3 años
	• Disponibilidad total
	• Buena presencia
	• Orientación al cliente
Se ofrece:	• 1200 euros brutos/mes
	• Puesto estable de 10 meses con posibilidad de incorporación a la organización
	• Jornada laboral. Disponibilidad de lunes a domingo. 40 horas/semana
	• Incorporación inmediata
Requisitos:	• Experiencia en sala
	• Disponibilidad inmediata

B.

TRABAJO DE:	**SECRETARIA NATIVA INGLÉS**
Descripción de la oferta:	Se precisa secretaria bilingüe con conocimientos administrativos para despacho de abogados
No. puestos vacantes:	1
Funciones:	• Imprescindible ser nativa (abstenerse quien no cumpla este requisito) • Se encargará de tareas administrativas en general • Persona dinámica • Buena presencia • Proactiva
Se ofrece:	• Puesto estable de 6 meses con posibilidad de incorporación a la empresa • Horario de trabajo: de lunes a viernes • De 8 a 19.00
Roquioitooı	• Conocimientos alto de aplicaciones Office • Mecanografía: 200–225 PPM

Demanda de empleo

Cuando una persona quiere hacer una demanda de empleo, tiene que escribir una carta formal en cual se debe utilizar un lenguaje profesional.

I. Lee la carta de Mary y subraya las expresiones que te parecen útiles para la redacción de tu propia carta.

El Perfil Profesional de Mary

Mary Mescall

St. Joseph's Square No.1

Cork

Irlanda

12 de junio de 2007

Director de Recursos Humanos

Servicios Secretariales S.A.

28017 Madrid

Estimado señor,

En respuesta al anuncio publicado en el periódico El País del 10 de junio en el que solicitan una secretaria bilingüe, quisiera ser considerada en el proceso de una selección de candidatas.

Soy de nacionalidad irlandesa, tengo 18 años y acabo de terminar el Leaving Certificate (equivalente a la Selectividad en España).

Como se desprende del currículum vitae que adjunto, tengo las calificaciones y la experiencia requeridas para el puesto ofertado. El verano pasado trabajé en una empresa similar como secretaria y gané amplia experiencia en el procesamiento de textos.

Mi nivel de español hablado y escrito es alto y tengo perfecto dominio del inglés.

Estaré disponible para asistir a una entrevista desde el 15 de junio y quedo a su disposición para ampliar datos y ofrecer referencias.

Sin otro particular le saluda atentamente,

Mary Mescall

CURRICULUM VITAE

DATOS PERSONALES

Nombre y apellidos   Mary Mescall

Dirección   St. Joseph's Sq. No. 1

                                      Cork

Teléfono   (00353) 61216131

Fecha y lugar de nacimiento   17/02/1983 Cork

DATOS ACADÉMICOS

1998–1999   Presentation Primary School, Limerick
                                     Junior Certificate en 8 asignaturas (equivalente al primer
                                     ciclo de la ESO en España).

2001–2002   Presentation Secondary School, Limerick
                                     Leaving Certificate en Matemáticas, Inglés, Español,
                                     Irlandés, Historia, Química y Música.

2002–2006   Universidad de Limerick, Limerick, BA (equivalente a
                                     Licenciatura en Artes) en Lenguas Extranjeras y Estudios
                                     Culturales

LA PLUMA

EXPERIENCIA PROFESIONAL

2004–2005 — Trabajo de prácticas en una empresa de traducciones, desarrollo de programas de traducción del inglés al español y al francés

2005–al presente — Trabajo de traductora freelance

OTRA FORMACIÓN — Conocimientos amplios de informática

IDIOMAS

Inglés — Lengua materna

Español — Dominio total, hablado y escrito

Francés — Dominio total, hablado y escrito

Alemán — Nivel medio

AFICIONES

Tenis, leer y viajar

Vocabulario

Expresiones útiles para la redacción de una carta para solicitar un trabajo

Opening phrases:

• Le escribo en relación con el anuncio publicado en el diario *El País* del pasado 3 de noviembre

• En repuesta al anuncio publicado en el periódico *El País* de fecha 5 de mayo en el que ofrecen el puesto de… (camarero/a, comercial, cajero/a, secretario/a, asistente, profesor/a, etc.)

• Con referencia al puesto de "X" anunciado recientemente en el periódico *El País* del 12 de octubre…

Personal information:

• Soy irlandés/irlandesa, tengo 18 años y estoy en el último año de mis estudios.

• Terminaré mis estudios este verano, en el mes de junio.

• Acabo de pasar mis exámenes de Leaving Certificate (equivalente a la Selectividad)

Work experience:

• El verano pasado trabajé como camarero en el restaurante de mi tía.

• Trabajé de recepcionista/administrativa en un hotel.

• Tengo experiencia en este tipo de trabajo.

• Tengo amplios conocimientos de este sector laboral.

• Tengo amplia experiencia en este sector de trabajo.

• Creo que tengo la experiencia requerida para el puesto ofertado.

• Como se desprende del CV adjuntado, tengo tres años de experiencia laboral.

Personal qualities:

• Soy trabajadora/flexible/ordenada/seria

• Tengo paciencia.

• Tengo flexibilidad y capacidad de adaptación a diferentes situaciones.

• Este tipo de trabajo me gustó/me gusta mucho.

• Me encanta el contacto con la gente y tengo don de gentes.

• Tengo aptitud para este trabajo.

Linguistic proficiency:

• Tengo perfecto dominio del inglés.

• Tengo sólidos conocimientos de alemán.

• Mi nivel de español hablado y escrito es alto.

2. Copia en tu cuaderno dos frases de cada una de las secciones anteriores.

3. Qué frases prefieres? Elige sólo una de cada sección y compara tus frases con aquellas de tu compañero/a

4. Aquí tienes una oferta de empleo.

   (a) Toma notas en tu cuaderno de lo que se requiere y de qué se ofrece.

   (b) En parejas escribid una carta de solicitud.

Anuncios   6 de junio 2007

EMPRESA MULTINACIONAL BUSCA SECRETARIO/A BILINGÜE

Se requiere: **Se ofrece:**

- Buena presencia   - Agradable ambiente de trabajo

- Don de gentes   - Sueldo conmensurado con la experiencia

- Dominio del inglés y el español   - Posibilidades de promoción

- Amplia experiencia administrativa

Interesados/as mandar currículum vitae a

Recursos Humanos
Empresa Excel
C/Velázquez, 22
23456 Sevilla

5. Completa tu propio Currículum Vitae con la ayuda de tu diccionario. Los datos pueden ser reales o imaginarios.

1.11 Intercambio de casas – Arranging a house exchange

1. Lee la carta siguiente:

Sarah O'Reagan

No.23 Summerville Ave.

Limerick

Irlanda

17 de junio de 2007

Estimada María:

Muchas gracias por su amable carta que acabo de recibir. En esta carta propone un intercambio de nuestras casas para el próximo verano.

Afortunadamente nuestra casa es muy parecida a la suya. Tiene cuatro habitaciones, dos cuartos de baños, una cocina moderna, un garaje y un jardín enfrente de la casa.

La casa está situada en un barrio muy bonito y tranquilo y está cerca de las tiendas y del centro de la ciudad, a diez minutos a pie. También hay un parque y un complejo deportivo en la proximidad donde los niños pueden divertirse.

Si quiere visitar lugares de interés turístico, le puedo recomendar la Catedral de Santa María (Saint Mary's Cathedral) y los dos castillos antiguos que tienen mucho éxito entre los turistas, el de St. John y el de Bunratty. Merece la pena visitarlos.

Puede obener más información sobre otros lugares de interés en la guía incluida con esta carta.

Mi marido y yo tenemos la intención de ir a Cádiz a principios de agosto y nos gustaría pasar tres semanas en su zona con nuestros hijos. Le ruego me mande más fotos de su casa con una descripción del barrio y más información sobre lo que se puede hacer o ver en su zona.

Espero que esté satisfecha con las fotografías que acompañan esta carta.

Cordiales saludos,

Sarah O'Reagan

Translate into Spanish:

(a) Our house has three bedrooms and two bathrooms.

(b) Upstairs there are two bedrooms and a bathroom.

(c) Downstairs there is a big, modern kitchen and a large living room.

(d) In front of the house there is a small garden.

(e) The house is very near the city center.

(f) There are many things to do and see in this region.

(g) Is there a bus stop near your house?

(h) How far is the airport from your house?

(i) Please send me more information about your area and some pictures if possible.

2. Lee la carta siguiente:

Claire O'Flynn

Harbour House

Killaloe

Co. Clare

Irlanda

12 de marzo de 2007

Carmen Fernández

Vía Ruiz 24

Sevilla 20

Estimada señora:

Mi marido y yo hemos visto su oferta de intercambio en el periódico *El País*. Su intención de venir pasar un mes en Irlanda el verano que viene, nos ha llamado la atención.

Según el anuncio, su casa se adaptaría perfectamente a lo que buscamos para nuestras vacaciones.

Somos cinco en la familia: dos adultos y tres menores de 16 años. Nuestra casa está situada en el oeste de Irlanda a una distancia de cuarenta kilómetros del océano Atlántico, en una ciudad muy bonita. La casa tiene dos plantas y cuatro dormitorios y en frente de la casa hay un jardín pequeño.

Cerca de la casa, a cinco minutos a pie, hay una estación de trenes y una parada de autobús, lo que le permitirá visitar lugares de interés turístico con gran facilidad. En nuestra región hay mucho que ver y mucho que hacer, especialmente durante el verano cuando hace buen tiempo. Para darle más información a este respecto, le envió adjunto una guía de turismo y algunas fotos de la región.

Por lo que se refiere a su casa, quisiera saber si las habitaciones tienen aire acondicionado, porque sé que el tiempo en verano en Sevilla suele ser caluroso.

Además, me gustaría obtener una guía turística de la zona y una descripción más detallada de su barrio.

Si está interesada en la posibilidad de este intercambio, le agradezco me conteste por e-mail lo antes posible.

Atentamente,

Claire O'Flynn

Imagine that you are Marcela/Marcel Fernández and reply to the above letter. Include information about Seville, about your house and about the area in which your house is situated. Be as creative as you wish!

1.12 Cursos de inmersión lingüística en el extranjero – Language courses abroad

1. Lee esta carta y apunta en tu cuaderno las frases que te parecen útiles para la redacción de tu propia carta:

Ben Donoghoe

Kyleglass House

South Circular Road

Dublin 4

Irlanda

12 de marzo de 2007

MundoLengua,

Centro Internacional de Español

C/ Gustavo Bacarisas 4–2º C

41007 Sevilla

Estimados señores:

En respuesta al anuncio publicado en el periódico *El País* del 8 de marzo en el que ofrecen cursos de español como lengua extranjera, quisiera obtener más información sobre los cursos ofrecidos por su organización.

Soy de nacionalidad irlandesa, tengo 17 años y voy a terminar mis exámenes de Leaving Certificate (equivalente a la Selectividad en España) el próximo verano.

Mi nivel de español hablado y escrito es alto y quisiera mejorarlo. Me gustaría saber en qué consisten los programas que ofrecen a los estudiantes de mi nivel y edad. También le ruego que me mande información sobre los tipos de alojamiento y una lista de precios.

¿Cuál es la duración de un curso? ¿Qué tipo de actividades incluye? ¿Hay un programa de becas para los estudiantes extranjeros?

A la espera de sus prontas noticias los saludo atentamente.

Ben Donoghoe

PROGRAMA DE VERANO/PRIMAVERA
PARA ESTUDIANTES DE SECUNDARIA
SEVILLA

Oportunidad única para los/las estudiantes de mejorar su espanol mientras conocen a estudiantes internacionales y disfrutan de las fantásticas playas de Cádiz

MundoLengua está exclusivamente dedicado a la enseñanza de español como lengua extranjera para estudiantes de secundaria, universitarios y grupos de profesores que deseen completar su formación a través de nuestros cursos de metodología.

Colaboramos directamente con el departamento de español de prestigiosas escuelas de secundaria y universidades internacionales, trabajando juntos para organizar programas de español a medida en Sevilla y Cádiz.

La experiencia de inmersión lingüística y cultural que ofrecemos complementa la formación que cada estudiante haya recibido en su centro de procedencia, siendo nuestra prioridad el que los/las estudiantes adquieran un amplio conocimiento del ámbito cultural español y mejoren su fluidez lingüística.

Nuestros programas consisten en:

- Clases de lengua y cultura (literatura, arte, música, cine, etc.)

- Cursos especializados, como el curso dirigido a estudiantes y profesores

- Alojamiento con familias españolas como parte de nuestro programa de inmersión

- Actividades socioculturales con nuestros coordinadores

- Prácticas de voluntariado en entidades de trabajo social

- Intercambios con estudiantes españoles para practicar las destrezas orales de los/las estudiantes

- Excursiones a ciudades de interés organizadas por nuestros coordinadores

- Programa de becas para estudiantes

- Programas durante todo el año con flexibilidad en las fechas en Sevilla y Cádiz

www.centromundolengua.com

2. Rellena los huecos con las palabras que faltan:

(a) Inmersión

actividades, inmersión, de, familias, cultura, secundaria

_____ lingüística para estudiantes de _____ (de 14 a 18 años) a través de sesiones intensivas de lengua y _____ española (3 horas al día) combinadas con _____ _____ culturales (normalmente 3 tardes a la semana), alojamiento con _____ españolas y excursiones de fin _____ semana.

(b) Lengua/Cultura Española

fuera, reales, tareas, periodismo, fomenta, alto, se desarrollan, diario, aula,
a través de, se compone, que

Formamos las clases de acuerdo al nivel de los/las estudiantes (máximo 12 estudiantes por_____). El programa académico _____ de un módulo de lengua y conversación de 1 hora y 30 minutos en el _____ aprenden español _____ actividades comunicativas; un módulo de cultura española de 45 minutos y un taller cultural (____ _____, turismo, música y cine) de 45 minutos, en el que las _____ y actividades lingüísticas tienen lugar dentro y _____ del aula mediante situaciones _____. El programa _____ la participación activa del alumnado y la mayoría de las tareas _____ _____ en grupo. Si los/las estudiantes tienen un nivel _____ de español, esperamos que elaboren un _____ en español en el que plasmen sus experiencias con la lengua y la cultura española (sólo en el programa de verano).

3. Lee este texto y contesta a las preguntas:

El currículo de MundoLengua integra actividades de muy diversa índole. Por un lado, ofrece visitas a los monumentos más destacados (se incluyen excursiones de fin de semana a otras ciudades), seminarios culturales con invitados especiales, clases de flamenco/salsa y cocina en las que los/las estudiantes aprenden a valorar la cultura española. También ofrecemos actividades lúdicas diseñadas para que los/las estudiantes se diviertan y conozcan a otros estudiantes internacionales: intercambios con estudiantes españoles, clubes (atletismo, yoga, danza del vientre), cena de despedida y fiestas formales/informales para estudiantes.

Sin lugar a dudas, vivir con una familia española es la mejor manera de adquirir o afianzar las destrezas comunicativas en español. Los/las estudiantes viven con familias rigurosamente seleccionadas y muy cerca del centro de estudios o de fácil acceso en transporte público. El alojamiento con familias incluye 3 comidas al día y servicio de lavado de ropa 1 vez a la semana. Colaboramos con las mismas familias de forma continuada, lo que nos permite llevar a cabo un control de calidad riguroso a través de visitas y entrevistas periódicas. Durante estas visitas, supervisamos la casa y hablamos con los miembros de la familia. MundoLengua cuenta con una persona dedicada exclusivamente a alojar a los/las estudiantes y resolver los problemas que pudieran surgir durante la estancia.

www.centromundolengua.com

(a) How can students learn to appreciate Spanish culture?

_____

(b) What is the best way of developing language competency?

_____

(c) What type of accommodation is offered?

_____

(d) What are the benefits of collaborating with the same network of families?

_____

(e) What role do the host families play?

_____

1.13 Dejar recados - Leaving messages

Cuando queremos transmitir información que una persona ha dejado, normalmente utilizamos la estructura siguiente:

MENSAJE

RECADO PARA _____

FECHA _____

HORA _____

Durante su ausencia

El Señor _____

La Señora _____

Tu amigo/a _____

- **Ha telefoneado**
- **Desea que le llame**
- **Desea que la llame**
- **Ha venido a visitarle**
- **Han venido a visitarte**
- **Llamará mas tarde**
- **Volverá a llamar**
- **Tiene que devolver su llamada**
- **Devuelve su llamada lo más pronto posible**
- **Recado urgente**

MENSAJE _____
_____
_____

RECIBIDO POR _____

(a) You've gone out to do something with someone and you will be back at a certain time:

Te dejo este recado para decirte que…

Le dejo este recado para decirle que…

Os dejo este recado para deciros que…

He salido	I've gone out
He ido	I went
Me voy	I'm going

¿A dónde? Where?

- al centro
- al banco
- a la tienda
- al mercado
- a la casa de Juan/Fiona
- al barrio
- a la fiesta de José

- al parque
- al cine
- al supermercado
- al restaurante
- a la oficina de correos
- a la bolera

With whom? ¿Con quién?

- con María
- con mis amigos
- con mis vecinos

- con mi mejor amiga
- con mi primo/a
- con la hija de la vecina

¿Para hacer qué? To do what?

- para ir de compras
- para ver una película
- para comprar un regalo
- para enviar una carta
- para comprar sellos
- para cenar
- para celebrar el cumpleaños de Pablo

- para dar un paseo
- para comprar leche y pan
- para cenar
- para mandar un postal
- para ir de copas
- para jugar

Vuelvo	I'm coming back
Volveré	I will be back
Volveremos	We will be back

¿Cuándo? When?

- a las seis en punto
- a las cinco y media por la tarde
- a las siete menos cuarto
- a la una
- a mediodía
- a medianoche
- antes de cenar
- por la noche/tarde
- temprano/tarde
- en media hora
- en quince minutos

(b) Somebody called during your absence

> Te dejo este recado para decirte que durante tu ausencia…
>
> Le dejo este recado para decirle que durante su ausencia…
>
> Os dejo este recado para deciros que durante vuestra ausencia…

- La Señora García llamó a las seis
- El Señor Gómez ha llamado
- Víctor ha telefoneado
- María te buscaba
- Xavier te ha llamado
- Alguien te ha llamado
- Vuestro/tu vecino ha venido a visitarte
- Vuestra hija pasó por aquí
- El profesor de Maribel ha llamado
- El electricista ha llamado
- El carpintero pasó por aquí
- El fontanero pasó por aquí
- Él/ella quiere que le/la llame/s lo antes posible
- Él quiere que le llames esta noche
- Ella quiere que la llames
- María quiere que no te olvides de llamarla
- Volverá a llamar más tarde
- Llamará esta noche
- Necesita que te pongas en contacto lo antes posible
- Ha dicho que la fiesta de mañana no es a las ocho sino a las nueve

- Ha dicho que necesita hablar contigo/con Vd
- Ha dicho que va al cine, a una fiesta, al restaurante
- Quería saber si quieres acompañarlo/a
- Quería saber si es posible posponer la cita/la cena
- Dejó su número de teléfono
- Que no se/te olvide/s llamarla/lo
- Dijo que le/te llama mañana
- Dijo que la fiesta es a las siete

(c) You drop by somebody's house and there's nobody home

Te dejo este recado para decirte que…

Le dejo este recado para decirle que…

Os dejo este recado para deciros que…

- Pasé por aquí
- Te/le/os estaba buscando
- Desafortunadamente no había nadie
- Desafortunadamente no te encontré/encontramos
- Me voy al cine con Pedro a las seis
- Me voy a la fiesta de Juan esta tarde
- Vamos al restaurante a las ocho y media
- ¿Quieres venir?
- ¿Te gustaría venir conmigo/ con nosotros?
- ¿Quieres acompañarme/nos?
- ¿Quieres venir conmigo/con nosotros/as?
- Llámame si quieres venir
- Si quieres, quedamos enfrente del cine/restaurante a las ocho
- Si quieres, llámame por teléfono cuando recibas este mensaje
- Si quieres venir, mándame un mensaje
- La película empieza a las seis y cuarto
- La fiesta empieza a las nueve

- Pasamos por aquí
- María y yo estábamos buscándote (le, os, les)

1. Leave a message for your mother telling her that you went out with your best friend Pablo. You went to the shop to buy bread and milk. Say that you will be back before dinner.

_____

_____

_____

_____

2. Leave a message for Sra. Vázquez telling her that while she was out, the electrician called. He will call again later. Tell her that you went to your friend's house and that you will be back at half nine.

_____

_____

_____

_____

3. Leave a message for María telling her that the daughter of the neighbor called at a quarter past six. Tell her that it's urgent and that she wants her to return the call as soon as possible.

_____

_____

_____

_____

4. Leave a message for your host family telling them that you went out for three hours with your Spanish friends. While they were out, their son Pedro called, and he said that it was urgent. Also let them know that you cleaned the kitchen before going out. Ask them to call you on your mobile if they need to.

_____

_____

_____

_____

_____

5. You drop by your friend's house and he/she is not there. Leave him/her a message saying that you're going to a party later on in the evening. The party begins at 9 o'clock, and you're meeting the rest of your friends at seven o'clock in front of the cinema. Ask your friend to call you to let you know if he/she can make it.

_____

_____

_____

_____

_____

NOW TEST YOUR KNOWLEDGE!

1. Write to the travel agent who organised the trip from which you have just returned. Include the following complaints:

   * The resort was nothing like the description in the brochure.

   * The food was inedible.

   * The return trip to the airport was cancelled, and you had to pay extra for a taxi service.

   * Outline your dissatisfaction with the whole affair.

2. You and your family have just come back from a two-week holiday spent in the Costa del Sol. On your return you wish to complain to the travel agency about the quality of your holiday. Say that:

   * The accommodation was bad.

   * There was too much noise at night and you couldn't sleep.

   * The beds were never made and the shower wasn't working properly.

   * The service that you received was very disappointing.

   * Ask for a reimbursement of 50% of the total price you paid.

3. You and your family (two adults and three children) are on three-week holiday in Buenos Aires, Argentina. Write to your travel agent and say that you are not satisfied with the following aspects of your trip:

   * The hotel is very far from the airport.

   * There is no swimming pool in the hotel.

   * There is no hot water.

   * The noise coming from the disco nearby keeps you awake all night.

4. You are interested in booking a two-week trip to Lanzarote. You would like information on possible tours or day trips available, hotel availability and cost for a family of four. Write to your local travel agency enquiring about all of the above.

5. You are intending to book a trip to Eurocamp in Spain. You would like information on prices, availability, facilities and local amenities. Write out the letter you would send making all these enquiries.

6. Send an e-mail letter to Hotel Badajoz. Outline the following information:

   - You would like to book a three-night stay during the month of August.

   - You require a double room with bathroom and balcony.

   - You are vegetarian and would like to see their vegetarian menu if possible.

   - You are not sure whether you want full-board or half-board, so enquire about prices for both types of accommodation.

7. You and your friends have booked a trip to Granada. Since you have a full driving license, you would like to rent a car to go sightseeing. Write to the car rental agency Atesa and enquire about the following:

   - Car availability for the month of August.

   - Car specifications: size and air conditioning.

   - Cost for two weeks unlimited mileage with insurance.

   - What documentation do you need apart from your drivers license?

8. Write to Hostal Rodrigo in Madrid. Outline the following problem:

   - You spent four nights there over the Easter holidays.

   - When you left, you forgot to pack your alarm clock and you left your silk pyjamas under the pillow.

   - Ask if these articles have been found and if they could be returned to you.

   - You will cover the cost of postage.

9. Your parents have decided to go to Spain this year on holidays and would like to rent a holiday home on the coast for three weeks. Write to the rental company and include the following information:

   - Your family needs a home that can accommodate five people.

   - Where is the house located: is it close to amenities, beach, etc.?

   - What is the availability of holiday homes during the month of July?

   - Cost for the duration of the stay.

10. Your teacher has booked a school tour to Barcelona. She wants you to write to the tour organisers to clarify some of the travel arrangements:

- What are the flight times and check-in details?

- Accommodation information: how many students to a room? Are there bathrooms/showers in each room?

- Would it be possible to request a dinner menu?

- What type of clothing is needed at this time of year?

11. You are a student of Spanish and would like to make the most of your summer holidays by going to Spain and working. Write to the Warner Brothers Park outside Madrid looking for a summer job. Outline why you would make a good employee, and highlight the fact that you speak a few different languages. Attach your C.V.

12. Write to the local employment agency in Palencia. State that you are looking for a position as an au pair in the Castilla y Léon region of Spain and would be available for work from September to the following August. List your qualifications and work experience to date. Include your C.V.

13. To improve your language skills for your upcoming exams, your parents decide to organise a house exchange with a family in Galicia. In your letter of confirmation, include the following points:

- Provide exact information about where your own house is located and the surrounding amenities.

- State the distance from your house to the airport and provide a timetable for local public transport (if any).

- Ask the family to clarify the number of bedrooms in their house and to give a brief description of the surrounding area.

- Will a car be needed to get around the local area?

- What do they recommend visiting/doing?

14. A language course is being advertised in school. Write to the school and ask the following questions:

- Do the courses vary in length?

- How will your level of competence be assessed?

- Where do the courses take place?

- Are extracurricular activities organised?

- What is the total price and does it include accommodation?

15. Your parents went out for the evening. Leave them the following message:

    - Say it's 8:30 p.m. and you finished studying.

    - Say that your best friend Mario/María phoned and invited you over his/her house.

    - Say that you'll take a taxi there and that you'll be back after midnight.

    - Tell them not to wait up for you.

16. You are alone in Pedro's house. While he was out, his brother José called. Leave him a message and tell him that:

    - His brother José called at 7 p.m.

    - He wanted to invite him at a party.

    - He said he'll call back the next day around 8 in the evening.

17. Your family is planning to spend a ten-day holiday in Cuba and your parents ask you to take care of booking the accommodation in the following hotel: Hotel Villa Isalazul Don Lino, Playa Blanca, Cuba.

    - Say that you're writing on behalf of your family.

    - You need two rooms with a single bed and shower and one room with a double bed and a bathroom.

    - Ask for a list of prices and a brochure.

    - Find out if there is an airport near the hotel.

18. You and your friends are planning to go on a holiday this summer to the Spanish town of Cádiz. Write a letter to the following address: Hotel Puertatierra, Avda. de Andalucía, 34, Cádiz. Include the following details:

    - State that there will be four adults in your party.

    - Ask for two double rooms with bath.

    - You will be staying for one week (give dates).

    - Enquire about facilities and restaurants in the area.

    - Ask for full board accommodation.

    - Ask for a swift reply.

2 DIÁLOGOS

2.1 En el aeropuerto de Barajas

Pedro es estudiante. Ha decidido pasar el verano en España mejorando a su español. Intenta también, conocer la verdadera España: la gente, la gastronomía, las regiones, en realidad ¡todo! Así que acaba de llegar a Barajas. Después de bajar del avión y de recoger su equipaje, busca la oficina de turismo del aeropuerto:

Madrid

ESPAÑA

Pedro:	Perdóneme señor.
El señor:	Sí, dígame. ¿En qué puedo ayudarle?
Pedro:	Bueno, pues acabo de llegar aquí en Madrid. Pero no sé nada de la ciudad. Nunca he estado aquí.
El señor:	Entonces, va a necesitar un mapa de la ciudad, uno del metro y tal vez, los horarios de los trenes y los autobuses. Aquí tengo un folleto de información turística madrileña... y... a ver... ¿tiene usted arreglado ya el alojamiento?
Pedro:	No, todavía no. Y como soy estudiante necesito encontrar un sitio bastante barato. ¿Puede usted recomendarme algo?
El señor:	A ver... aquí hay de todo... hoteles, hostales y pensiones. A usted me imagino que una pensión le iría muy bien. Aquí tiene una lista de las pensiones con las direcciones, los números de teléfono y los precios, claro. Tome.
Pedro:	Muchas gracias. Y para ir al centro, ¿qué debo hacer?
El señor:	Pues, coja el autobús. Va directamente al centro y es más barato que un taxi... 2 Euros 40, creo.
Pedro:	Bueno, gracias por su ayuda. ¡Adiós!
El señor:	De nada. ¡Adiós!

1. ¿Cómo se llama el aeropuerto de Madrid?

_____

_____

2. ¿Qué pide Pedro en la Oficina de Turismo?

_____

_____

_____

3. Busca en el diálogo estas palabras/frases españolas:

I have just… _____

Let me see… _____

Well… _____

Quite… _____

Already... _____

4. ¿A qué se dedica Pedro?

_____

_____

5. ¿Por qué está en Madrid?

_____

_____

_____

LA PLUMA

Aquí tenemos un extracto del diario de Pedro:

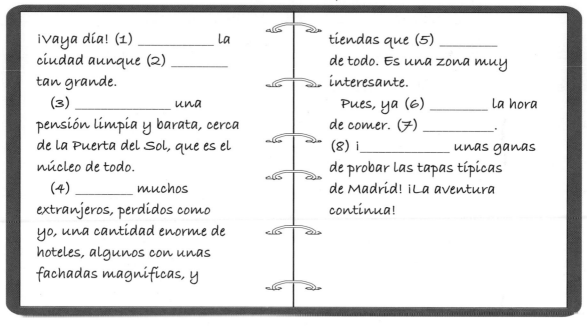

Mi aventura española

¡Vaya día! (1) _____ la ciudad aunque (2) _____ tan grande.

(3) _____ una pensión limpia y barata, cerca de la Puerta del Sol, que es el núcleo de todo.

(4) _____ muchos extranjeros, perdidos como yo, una cantidad enorme de hoteles, algunos con unas fachadas magníficas, y tiendas que (5) _____ de todo. Es una zona muy interesante.

Pues, ya (6) _____ la hora de comer. (7) _____.

(8) ¡_____ unas ganas de probar las tapas típicas de Madrid! ¡La aventura continúa!

1. Rellena los espacios con la forma correcta de los verbos:

encantar ser encontrarse haber vender ser irse tener

2. Traduce el extracto.

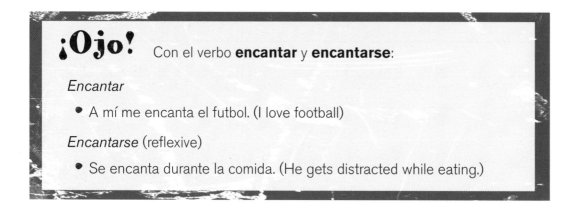

¡Ojo! Con el verbo **encantar** y **encantarse**:

Encantar

- A mí me encanta el futbol. (I love football)

Encantarse (reflexive)

- Se encanta durante la comida. (He gets distracted while eating.)

Deberes

Imagina el diálogo entre Pedro y la recepcionista de la pensión cuando él llama por teléfono desde el aeropuerto y apunta su conversación en tu cuaderno.

Vocabulario

me gustaría	¿hay...?
disponibilidad	¿cuánto cuesta?
una estancia	descuento
alquilar	compartir

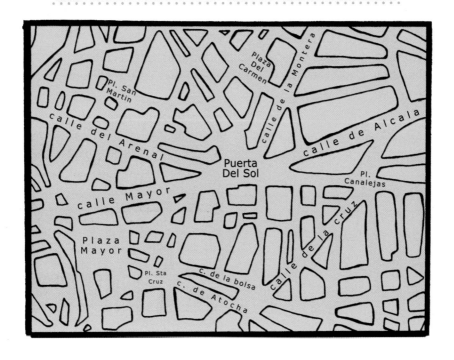

2.2 En un café

Hoy Pedro piensa visitar algunos sitios turísticos de Madrid. Piensa empezar su día de descubrimiento cultural después del desayuno. Además, necesita direcciones. Ha encontrado una cafetería cerca de su alojamiento.

La camarera: Buenos días. ¿Qué desea?

Pedro: ¡Hola! Un zumo de naranja y un chocolate con churros por favor.

La camarera: Muy bien.

Unos minutos más tarde la camarera vuelve con el desayuno. Pedro está estudiando un plano de la ciudad.

La camarera: Aquí tiene. ¿Algo más?

Pedro: De comer, nada más, gracias. Pero necesito saber cómo llegar al Prado. ¿Puede decirme dónde está este café en el mapa?

La camarera: A ver... mire, aquí estamos, en la Plaza Mayor. El Prado no está muy lejos. Se puede ir andando. Pero es que hoy es lunes y normalmente no está abierto. ¿No tiene usted la *Guía del Ocio* de Madrid o un libro de turismo? Le informan de todo lo que pasa en la ciudad. Pida la *Guía* en un kiosco o aquí al lado en la oficina de turismo.

Pedro: ¡No lo sabía! ¡Menos mal que le he preguntado! Hmm, ¿*Guía del Ocio dice*...? Pues, muchas gracias, se lo agradezco.

La camarera: De nada, un placer. Creo que el Palacio Real está abierto hoy y no está muy lejos de aquí. Siga todo recto, gire a la derecha por la Calle Bailén y el Palacio está en frente a la izquierda... diez minutos a pie, más o menos.

Pedro: Iré a visitar el Palacio Real después de desayunar. Gracias por su ayuda.

Cuando ha terminado su desayuno:

Pedro: ¿Me cobra, por favor?

La camarera: Por su puesto. 4.75 en total.

Pedro: Aquí tiene, gracias. ¡Adiós!

La camarera: A usted, ¡adiós!

1. (a) How has Pedro decided to spend the day?

_____

_____

_____

(b) Where is the café?

_____

_____

_____

(c) Why can he not visit the Prado today?

_____

_____

_____

(d)　What alternative does the waitress suggest?

_____

_____

_____

(e)　What is the Guía del Ocio and where can he get one?

_____

_____

_____

2. Busca en el diálogo estas palabras/frases españolas:

I appreciate it　_____

Just as well　_____

What would you like?　_____

How much do I owe you?　_____

Of course　_____

3. You and a friend have just been seated in a café. Write the dialogue that would take place in such a situation.

Vocabulario

¿Qué desea(n)?

¿Algo para beber/comer?

- un café con leche
- un té
- un vino
- una horchata
- un batido
- flan
- pastel
- un donut

- un cortado
- un chocolate
- una cerveza
- un agua mineral (con gas/sin gas)
- un zumo (jugo) de…
- helado
- galletas

La cuenta

A continuación:

Mi aventura española

Acabo de ver el Palacio Real de Madrid que es la residencia oficial de Su Majestad el Rey de España. <u>Lo</u> emplea en las ceremonías de Estado pero no habita en él. Fue destruído por un incendio en la Nochebuena de 1734. Felipe V quiso que el Palacio Nuevo ocupase el mismo lugar y toda la reconstrucción se hizo en piedra y ladrillo, sin madera, para que ningún incendio pudiera destruir<u>lo</u>.

¡Increíble, de verdad! Dentro hay una colección de arte impresionante: obras de Velázquez, Goya, y El Greco... un pequeño Prado, ¡dígo yo! Fuera del palacio están los jardínes Sabatíní, el Campo del Moro y hacía el oeste está La Plaza de Oriente. Lo mejor de todo para mí ha sido la Real Armería. Ahora, un descanso y un café con leche bien grande. ¡Me <u>lo</u> merezco!

1. (a) Translate the text.

   (b) What is <u>lo</u> referring to in the text?

   (c) Underline any words or phrases that might be useful in other dialogues.

   (d) What do you know about Spanish artists? Pick one of the artists mentioned in Pedro's text and research him/her.

2. Utilizando el mapa, pregunta a tu compañero/a de clase donde están los siguientes lugares. Estás en la Plaza Mayor.

   * el Palacio Real
   * la Plaza Mayor
   * la Plaza de Oriente
   * los Jardines del Cabo Noval
   * el Campo del Moro

3. Ahora cambia de situaciones. Esta vez la persona que busca direcciones está en la Plaza Isabel. ¡Adelante!

Vocabulario

girar a	torcer a
la derecha	la izquierda
coger	seguir todo recto

Después de un día largo y lleno de nuevas experiencias y lugares Pedro escapa a otro mundo completamente. Acaba de empezar a leer una nueva novela llamada *El Libro de arena.* Hasta ahora Pedro no había leído nunca una obra de Jorge Luis Borges. Como sabía que iba a pasar tiempo solo había decidido leer unos libros en español durante su estancia en España.

Un extracto literario

El hecho ocurrió en el mes de febrero de 1969, al norte de Boston, en Cambridge. No lo escribí inmediatamente porque mi primer propósito fue olvidarlo, para no perder la razón. Ahora, en 1972, pienso que si lo escribo, los otros lo leerán como un cuento y, con los años, lo será tal vez para mí.

Sé que fue casi atroz mientras duró y más aún durante las desveladas noches que lo siguieron. Ello no significa que su relato pueda conmover a un tercero.

Serían las diez de la mañana. Yo estaba recostado en un banco, frente al río Charles. A unos quinientos metros a mi derecha había un alto edificio, cuyo nombre no supe nunca. El agua gris acarreaba largos trozos de hielo. Inevitablemente, el río hizo que yo pensara en el tiempo. La milenaria imagen de Heráclito. Yo había dormido bien; mi clase de la tarde anterior había logrado, creo, interesar a los alumnos. No había un alma a la vista.

Sentí de golpe la impresión (que según los psicólogos corresponde a los estados de fatiga) de haber vivido ya aquel momento. En la otra punta de mi banco alguien se había sentado. Yo hubiera preferido estar solo, pero no quise levantarme en seguida, para no mostrarme incivil. El otro se había puesto a silbar.

El Libro de arena
Jorge Luis Borges

1. What is happening in the extract?

2. What is this character's profession?

3. What do we learn about the personality of this person from the text?

4. What do you think will happen next? (Apunta tus sugerencias en español.)

2.3 Por la calle

Por casualidad, Pedro se encuentra con la camarera de la cafetería por la calle después de su visita al Palacio Real.

Pedro:	¡Qué casualidad! ¡Hola de nuevo! Gracias por los consejos de esta mañana. Tenía usted razón, El Prado está cerrado hoy. Así que he ido al Palacio. ¡Qué sitio!
La camarera:	Sí, es verdad, es muy bonito. Dígame, ¿cómo se llama?
Pedro:	Yo, me llamo Pedro. ¿Y usted?
La camarera:	Me llamo Isabel. Encantada Pedro. Pero ¡basta ya de hablarme de usted! ¿Vale? ¿De dónde eres?
Pedro:	Soy de los Estados Unidos. ¿Te apetece tomar algo? Te invito yo para darte las gracias. Has terminado de trabajar, ¿no?
Isabel:	Sí, acabo de terminar, ¡menos mal! Tengo que volver a casa ahora pero me gustaría tomar algo más tarde. Hay un partido entre el Real Madrid y el Barça esta noche a las 8. ¿Qué te parece si quedamos en la Puerta del Sol a las 7? Conozco un sitio muy bueno para ver los partidos.
Pedro:	¡Perfecto! Me parece fenomenal. ¡Hasta entonces!
Isabel:	¡Hasta luego!

1. Busca en el diálogo estas palabras/frases españolas:

   Nice to meet you _____

   By chance _____

   Enough _____

   Instead _____

   Right _____

2. What is happening tonight?

   _____

3. What do they decide?

   _____

Mi aventura española

Estoy de _____ con el dramaturgo Calderón de la Barca: ¡la vida es sueño! He pasado una noche _____ con Isabel. ¡Qué chica! Es perfecta creo: le interesa trabajar, _____, la misma _____ que a mí, más o menos, y _____ todo, le interesa el deporte. ¡No necesito más! Además, es muy guapa, con pelo _____ y rizado, ojos verdes, manos _____ ... Ahora mismo no tiene novio. ¡Qué suerte _____! Ella dice que podemos salir de juerga con sus amigos este fin de semana. ¡Guay! Conocer _____ más gente me parece fenomenal.

1. Rellena los espacios con estas palabras:

   finas   a   maravillosa   sobre   acuerdo   tengo   castaño   música   cocinar

2. Traduce el texto.

3. Imagine a conversation that might have taken place that evening between Pedro and Isabel. In your preparation, decide the topic/s they might have discussed and include one or more of them in your written dialogue.

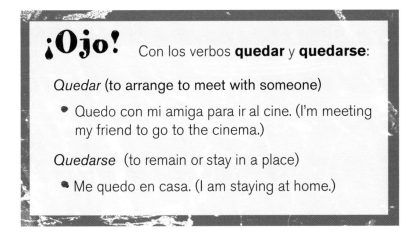

Vocabulario

¿Qué opinas?	¿Te interesa...?
¿Te gusta...?	¿Has oído hablar de...?
¿Tú crees?	A mí me...
A mí no me...	

¡Ojo!   Con los verbos **quedar** y **quedarse**:

Quedar (to arrange to meet with someone)

- Quedo con mi amiga para ir al cine. (I'm meeting my friend to go to the cinema.)

Quedarse (to remain or stay in a place)

- Me quedo en casa. (I am staying at home.)

2.4 Planes por el fin de semana

1. Pon este diálogo en orden:

❑   Bueno, pues, cenamos antes ¿no?

❑   ¡Qué mala suerte maja! Oye, ¿piensas salir este fin de semana?

❑   ¡Hola Marimar! Soy yo, David. ¿Qué tal?

❑   ¡Claro! en uno de los mesones de la calle Cuchilleros a partir de las 9, ¿vale?

❑   Dígame.

❑   ¡Por supuesto! ¿Qué planes tienes?

❑   No sé nada de él, de verdad....

❑   ¡Hola David! Pues, ahora, bien gracias. He pasado la semana en casa por una gripe.

❑   Perfecto. Oye, David, dime, ¿el estadounidense tiene amigos?

❑   Pues, Isabel tiene un nuevo amigo. Es estadounidense y vamos a salir juntos, ya sabes... vamos a comer y después, ¿quién sabe?

2. You bump into a friend you haven't seen for a while on the street. Write the conversation you would have when you suggest doing something.

Vocabulario

¡Cuánto tiempo sin verte!

Cuéntame...

¿Te apetece...?

¿Qué te parece...?

¿Qué tal? (tú, el trabajo, la familia, el novio/la novia, etc.)

¿Qué hay de nuevo?

¿Dónde/con quién trabajas/vives/sales/estudias, etc. ahora?

3. Agrupa las expresiones y palabras de la izquierda con los sentidos correctos de la derecha:

llegar a conocer a alguien •	• to discuss/talk
ir de juerga •	• chat to/talk to someone
una discoteca •	• to meet/gather
reunirse •	• to attend
cenar fuera •	• suddenly
de repente •	• to go out and party
ir de copas •	• to dine out
discutir •	• night club
asistir a •	• to get to know someone
conversar •	• bar hop

4. Ahora inventa una historia utilizando las expresiones anteriores. Incluye también un pequeño diálogo.

2.5 Sugerencias

Una semana más tarde, Pedro ya ha visitado todos los sitios que le interesaban: El Museo del Prado, el Reina Sofía... Ahora está pensando en conseguir un trabajo para financiar su estancia en España. Está tomando su desayuno en la cafetería y le pregunta a su camarera preferida:

Pedro:	Dime, Isabel. ¿Qué tipo de trabajo crees que podría encontrar por aquí?
Isabel:	Ya sabes Pedro, hay muchas personas que están en paro en España en estos momentos. Encontrar trabajo es muy difícil.
Pedro:	¿De verdad? Pues no lo sabía. Haría cualquier cosa, ¿sabes?
Isabel:	Ya lo sé... a ver... la única cosa que se me ocurre es esta: por qué no das clases particulares de inglés. Las pagan bastante bien.
Pedro:	Pero yo no soy profesor.
Isabel:	¡Da igual! ¡Eres nativo hombre! Y pueden ser clases de conversación... no hace falta tener una licenciatura para hablar, ¿verdad? A 10 euros la hora, no está nada mal.

LA PLUMA

Pedro:	¡Es una idea estupenda! Pero, ¿cómo puedo encontrar a gente interesada?
Isabel:	Veo anuncios muy a menudo en los tablones de la universidad. Hay algo parecido aquí en la cafetería también. ¿Sabes? Vas a necesitar un móvil para estar en contacto con las personas interesadas. Deberías comprarte uno. Siempre hay algo de oferta.
Pedro:	¡Qué lista eres! Muchas gracias. ¡Eres mi salvadora!
Isabel:	¡No seas tonto, hombre! ¿Te apetece otro café?

1. What is Pedro trying to do?

   _____

   _____

2. What does Isabel suggest?

   _____

   _____

   _____

3. How will he go about it?

   _____

   _____

   _____

4. Translate the following words or phrases:

   en paro _____

   clase particular _____

   ¡que no seas tonto! _____

   ¡qué lista eres! _____

   da igual _____

2.6 Reserva por teléfono

Un fin de semana de puente se acerca. Los nuevos amigos deciden aprovechar el fin de semana largo y viajar a Segovia. Quieren ver el acueducto y comer cochinillo. Pedro tiene que hacer las reservas porque los demás están trabajando. Llama por teléfono.

I. Traduce lo que dice Pedro:

La recepcionista: Hostal de Segovia, diga.

Pedro: Hello. I would like to book two ensuite double rooms for two nights please.

_____

_____

La recepcionista: ¿Para cuándo?

Pedro: For the long weekend.

_____

La recepcionista: A ver… dos habitaciones dobles con baño. No hay disponibilidad el viernes pero sí que hay para el sábado y el domingo.

Pedro: That would be fine. How much do the rooms cost?

_____

_____

La recepcionista:	24 euros por persona cada noche. ¿Cómo se llama, señor?
Pedro:	Right. That's fine. My name is Pedro Murphy.

_____

_____

La recepcionista:	Para asegurar la reserva necesito el número de su DNI y un número de contacto por favor.
Pedro:	Alright. My mobile number is 839 623406. I don't have a Spanish identity card, but this is my passport number: FH1098432.

_____

_____

_____

La recepcionista:	Muy bien Señor Murphy. Tiene reservadas 2 habitaciones dobles con baño para el sábado y el domingo del fin de semana del puente. ¿Algo más?
Pedro:	Yes. We will be arriving at the bus station. How do we get to the hostel from there?

_____

_____

_____

La recepcionista:	Pues, cuando salga usted de la estación de autobuses, gire a la derecha, continúe todo recto y el hostal está al fondo de la calle Cisneros, a unos doscientos metros de la estación, más o menos.
Pedro:	That's great. Thank you for your help. See you soon.

_____

_____

La recepcionista:	Un placer. Adiós.
Pedro:	Good bye.

_____

2. Now imagine the conversation that would take place when Pedro calls one of the local restaurants in Segovia. Write down the dialogue and include the following points:

- Pedro wants to reserve a table for four for the Saturday night of the long weekend.

- He also wants to know if the restaurant serves the traditional dish of the area, cochinillo (roast suckling pig).

- He states the time for which the reservation is required.

- He asks where exactly the restaurant is located in relation to the aqueduct.

3. Rellena los espacios con estas palabras:

en   a   para   de   que   a   por   de   para

Mi aventura española

Acabo _____ reservar por teléfono las habitaciones que necesitamos _____ el fin de semana de puente. ¡Qué difícil es hablar _____ teléfono en otro idioma! Mañana voy a ir _____ la estación de autobuses _____ comprar los billetes. Es increíble pensar _____ dentro de poco veré un acueducto que tiene más _____ 2000 años. Además voy a conocer _____ más gente... Isabel, Marimar y David tienen amigos _____ Segovia. ¡Qué casualidad! Mi aventura continúa!

2.7 En la estación de autobuses

Pedro se encuentra en la estación de autobuses en Madrid. Necesita comprar billetes para ir a Segovia con sus amigos. Desde hace unos minutos está en la cola de la taquilla. Espera su turno.

Traduce al español lo que dice Pedro:

El señor: Hola. Dígame.

Pedro: Hello. Can you tell me when the buses leave for Segovia?

_____

_____

El señor: ¿Sabe usted el día?

Pedro: Yes. The Saturday of the long weekend.

_____

_____

El señor: A ver, ese día hay, por lo menos, 5 autobuses. Aquí tiene el horario.

Pedro: That's great, thanks.

_____

El señor: ¿A qué hora piensa salir?

Pedro: I think on the 9:45 bus. But I am not traveling alone. I need 4 tickets altogether.

_____

_____

_____

El señor: Bueno. Para el sábado, a las 9:45, sí que puede reservar 4 billetes. ¿De ida o de ida y vuelta?

Pedro: Four return tickets please. We are all students. I brought our student cards. Here you are.

_____

_____

_____

El señor: Muy bien, muy bien, gracias. ¿Cuándo quieren volver?

Pedro: We are planning to return on Monday. Is there a bus leaving around 4pm?

_____

_____

_____

El señor: El lunes a las cuatro, a ver….no, no hay, pero hay uno que sale un poco más tarde, a las 16:40. ¿Está bien?

Pedro: Yes, that would be fine. How much do I owe you?

_____

_____

El señor: 4 billetes de ida y vuelta, precio de estudiante: 56 Euros total.

Pedro: Can I pay with my credit card?

_____

El señor: Por supuesto, pero también necesito su DNI.

Pedro: Of course, no problem. Here is my credit card and my passport.

_____

_____

El señor: Muy bien señor. ¿Puede firmar aquí por favor? Aquí tiene los billetes y su recibo. Gracias.

Pedro: Thank you for your help. Have a nice day!

_____

_____

El señor: A usted. Igualmente señor, ¡adiós!

Después de comprar los billetes Pedro decide entrar en un cybercafé para buscar información de Segovia.

SEGOVIA

Segovia, bella y romántica ciudad castellana, declarada Patrimonio de la Humanidad en 1985: la parte más antigua de la ciudad, el casco histórico, está rodeado de campanarios, torreones y muralles. Poblada por los celtiberos, fue conquistada por los romanos en el año 80 a. C. y convertida en una importante base militar. Como consecuencia de la guerra de las Comunidades de Castilla contra Carlos I, la ciudad volvió a decrecer en importancia, hasta que en siglo XVIII Carlos III fundó su Academia de Artillería en la ciudad.

Cada época ha marcado el carácter de Segovia, haciendo de ella una de las ciudades más bellas y monumentales de España.

De estructura medieval y estrechas calles; recoge las herencias de las culturas cristiana, judía y musulmana. Sobre los cimientos del pequeño casco histórico, antaño rodeado de huertas y arrabales y hoy de cuidados paseos y jardines, fue surgiendo la Segovia que hoy conocemos.

Segovia está tan llena de historias de personas como de bellos edificios. Esta ciudad fue y sigue siendo refugio del arte en Castilla y en España. Aquí se forjó el proyecto de Antonio Machado, su Universidad Popular; y aquí funcionan proyectos de fama nacional, como el Teatro Juan Bravo, la Fundación Don Juan de Borbón, o las exposiciones de sus numerosas fundaciones culturales y artísticas, como las realizadas en la Casa de los Picos o las del Torreón de Lozoya.

SEGOVIA

Son muchos los monumentos que destacan en Segovia: sus iglesias románicas, sus murallas... Pero si algún monumento debe destacar sobre los otros, por su importancia histórica y su grandeza, deben ser tres:

- El Acueducto

- La Catedral

- El Alcázar

www.infosegovia.com

1. Describe Segovia's past.

_____

_____

_____

2. Find **five** adjectives used for descriptive purposes in the piece.

_____

_____

_____

3. When visiting Segovia, what should you not miss?

_____

_____

_____

4. Apunta lo que vale la pena visitar en tu pueblo/ciudad.

_____

_____

_____

Translate Pedro's diary entry.

Mi aventura española

¡Tengo unas ganas de ir a Segovia! ¿Cómo será el cochinillo? Me encanta la comida española pero nunca he probado algo parecido... a ver qué tal. Como me gusta tanto comer he comprado hoy el libro de Laura Esquivel, «Como agua para chocolate». El dependiente me dijo que también hay una película. Lo empezaré esta noche. ¡Hasta mañana!

Tortas de Navidad

INGREDIENTES:

1 lata de sardinas

½ chorizo

1 cobolla

orégano

1 lata de chiles serranos

10 teleras

Manera de hacerse:

La cebolla tiene que estar finamente picada. Les sugiero ponerse un pequeño trozo de cebolla en la mollera con el fin de evitar el molesto lagrimeo que se produce cuando uno la está cortando. Lo malo de llorar cuando uno pica cebolla no es el simple hecho de llorar, sino que a veces uno empieza, como quien dice, se pica, y ya no puede parar. No sé si a ustedes les ha pasado pero a mí la mera verdad sí. Infinidad de veces. Mamá decía que era porque yo soy igual de sensible a la cebolla que Tita, mi tía abuela.

Dicen que Tita era tan sensible que desde que estaba en el vientre de mi bisabuela lloraba y lloraba cuando ésta picaba cebolla; su llanto era tan fuerte que Nacha, la cocinera de la casa, que era medio sorda, lo escuchaba sin esforzarse. Un día los sollozos fueron tan fuertes que provocaron que el parto se adelantara.
Y sin que mi bisabuela pudiera decir ni pío, Tita arribó a este mundo prematuramente, sobre la mesa de la cocina, entre los olores de una sopa de fideos que estaba cocinando, los del tomillo, el laurel, el cilantro, el de la leche hervida, el de los ajos y, por supuesto, el de la cebolla.

Como agua para chocolate
Laura Esquivel

1. List the ingredients mentioned in the whole text.

2. What event does the author recount in this extract?

3. Would you want to read on? Why?

4. Explica estas frases/palabras de otra manera:

   * con el fin de evitar

   * que era medio sorda

   * sin esforzarse

   * decir ni pío

   * el parto

2.8 En la comisaría

Unos días antes de partir hacia Segovia, Pedro se da cuenta de que ha perdido su pasaporte. ¡Qué horror! ¡Menudo rollo! Así que tiene que ir a la comisaría lo antes posible. Hay una cerca del hostal en la Puerta del Sol. Pedro es la única persona en la comisaría.

Traduce al español lo que dice Pedro:

El policía: ¿Sí?

Pedro: Hello. I have lost my passport. I don't really know what to do but I presume I need to report it
            to you. Is that right?

            _____

            _____

            _____

El policía: Sí, tiene usted razón. Se debe informar a la Policía primero. Aquí tengo los papeles adecuados. ¿Tiene usted otra forma de identificación, por casualidad?

Pedro: Yes I have my driver's license, my student card and my social security card. Are they acceptable?

_____

_____

_____

El policía: Normalmente, sí. Dígame su nombre y apellido por favor.

Pedro: My name is Pedro John Murphy.

_____

El policía: Bien, ahora su nacionalidad y fecha de nacimiento.

Pedro: I am American. My date of birth is the 17th of July 1988.

_____

_____

El policía: ¿Cuánto tiempo lleva usted aquí? ¿Y cuándo piensa usted volver a los Estados Unidos?

Pedro: I arrived here at the start of the summer and won't be returning home until the middle of September, when I go back to college.

_____

_____

_____

El policía: ¿Su dirección aquí en Madrid?

Pedro: I am living nearby in the Almeria Hostel on Goya Street.

_____

_____

El policía: Muy bien. ¿Tiene usted un número de teléfono?

Pedro: Yes I have a mobile. I bought it last week. The number is 839 623406. I am planning to visit Segovia this weekend. Will that be a problem?

_____

_____

_____

_____

El policía: Ahora no. Pero debe avisar a su embajada para solicitar y conseguir un nuevo pasaporte.

Pedro: That's a relief! Do I need to do anything else now? I have a photocopy of my passport. Should I bring that too?

_____

_____

_____

_____

El policía: Sí, y necesita usted llevar esta declaración a la embajada. Y cuíde mejor sus efectos personales, por favor.

Pedro: I will try. Thank you for all your help and advice. I really appreciate it. Goodbye.

_____

_____

_____

El policía: ¡Adiós!

La Guardia Civil

En España existen dos organizaciones policiales: el C.N.P (Cuerpo Nacional de Policía) que vigila las grandes ciudades y la Guardia Civil que patrulla por los pueblos y el campo en general. Se puede distinguir entre los dos cuerpos por el uniforme: El C.N.P. lleva un uniforme azul y el de La Guardia Civil es verde.

Lee el artículo y contesta a las preguntas:

Cuando en 1844 el Duque de Ahumada presentó a la Reina Isabel II un nuevo cuerpo de militares que se encargaría de la seguridad de las personas y propiedades, la Reina le puso el nombre de Guardia Civil, por ser militares (guardias) para proteger a los civiles. Desde entonces ha seguido al lado de la sociedad española, recorriendo el camino con ella y adaptándose a sus necesidades.

Hoy la Guardia Civil es un cuerpo de unos 70.000 hombres y mujeres, desplegados en todo el territorio nacional y en algunos países extranjeros tanto en misiones internacionales como prestando seguridad en las embajadas.

La misión que la Constitución marca a la Guardia Civil es la de proteger el libre ejercicio de derechos y libertades y garantizar la seguridad ciudadana, todo ello bajo la dependencia del Gobierno de la Nación.

Para cumplir estas tareas ha sido necesaria una gran especialización, que va desde la lucha contra el narcotráfico y el terrorismo, hasta la vigilancia de especies protegidas, rescate de accidentados y protección a los conductores de los peligros del tráfico.

http://www.guardiacivil.org/quesomos/index.jsp

1. ¿Cual es la misión del cuerpo?

2. Haz una lista de sus responsabilidades.

3. Busca estas palabras, en castellano, en el texto:

   spread out   foreign   giving   rights   fight against   dangers   specialties   safety   changing

4. Ahora imagina lo que Pedro pensaba después de su visita a la Policía. Apúntalo en tu cuaderno.

2.9 En la farmacia

Pedro y sus amigos han llegado a Segovia pero él se encuentra enfermo. Como es un fin de semana de puente, no puede ir al medico. Decide entonces buscar una farmacia. Pregunta a la dueña del hostal si hay una farmacia de guardia cerca. Hay una en el camino hacia la Catedral.

Traduce al español lo que dice Pedro:

El farmacéutico:	Buenas tardes.
Pedro:	Hello. I wonder if you can help me. I don't feel well.

_____

_____

_____

El farmacéutico:	¿Qué le pasa exactamente?
Pedro:	Well, I have a pain in my stomach and I feel sick.

_____

_____

_____

El farmacéutico:	¿Tiene usted fiebre?
Pedro:	No. But I don't feel like eating either.

_____

_____

_____

El farmacéutico:	¿Comió algo raro ayer?
Pedro:	Well, I ate in a local restaurant last night and had the roast suckling pig. I also had a starter of prawns in garlic.* It was a delicious meal. And none of the others are sick.
	*gambas al ajillo

_____

_____

_____

_____

El farmacéutico: Bueno. Pues parece que es un trastorno del estómago. ¿Es usted alérgico a algo?

Pedro: Yes, unfortunately. I am allergic to penicillin.

_____

_____

_____

El farmacéutico: Ningún problema. Aquí tengo unas pastillas. Necesita beber mucho agua. Tampoco puede comer. Al cabo de seis horas, se sentirá mejor.

Pedro: That's great. Thank you very much. How much do they cost?

_____

_____

_____

El farmacéutico: €10.50 en total. ¿Como prefiere usted pagar?

Pedro: In cash. Here you go. Thank for your help and advice.

_____

_____

_____

El farmacéutico: Un placer. Adiós señor.

Mi aventura española

¡Menudo rollo! ¡Qué mala suerte tengo: estar enfermo durante un fin de semana de puente. No tengo ganas ni de comer ni de salir de fiesta. Por lo menos he aprendido algo: no comeré marisco jamás. ¡Qué pena! Pero hay una variedad de comida inmensa aquí en España... así que no me moriré de hambre. Creo que las pastillas están haciendo un efecto ahora porque sólo puedo pensar en comer... A ver si a alguien le apetece comer unas tapas conmigo a estas horas... ¡Hasta mañana!

1. ¿Qué le pasa? _____

2. Pedro ha aprendido algo. ¿Qué es? _____

3. ¿Qué decide hacer? _____

   _____

4. Identifica los tiempos verbales que hay en el extracto.

   _____

   _____

   _____

5. Haz una lista de la comida española que conoces. Depués busca más información sobre la comida española en Internet.

   _____

   _____

_____
_____
_____
_____
_____
_____

6. Traduce al español estas palabras/frases:

Let's see _____

I don't feel like _____

Hunger _____

At least _____

What a pity! _____

What a pain! _____

PRÁCTICA

1. You are strolling down the main street of your home town and bump into a friend you haven't met for years. Imagine the conversation that would take place between you.

2. You get a phone call from a friend in school asking you to come out tonight, Saturday. All of your class is meeting downtown at 9 p.m. You have visitors coming. Write out the conversation that would take place between you and your friend.

3. The holidays are coming and one of your favourite bands is going to be playing in Dublin. Your school work and results to date haven't been great. Imagine the conversation that takes place when you ask your mum/dad for permission to go.

4. You and some friends are on a day trip to the beach. While walking along the cliff top, one of the group trips and injures his/her knee. You go to the local pharmacy. Invent the conversation that takes place when you get there. You will need to get plasters and disinfectant.

5. Your school has organized an exchange programme for the students of Spanish. You go to the airport to collect your exchange partner. Imagine the conversation that takes place in the arrivals hall.

6. You got a lot of money for your birthday. The sales are on, so you decide to do some clothes shopping. You are in a local department store and need some help with sizes and colours. Imagine the conversation that takes place between you and the sales assistant (*el dependiente*).

7. You are on holidays in the Canaries. Your friend's bag is stolen on the beach. Imagine the conversation that takes place:

   (a) when your friend tells you that her bag is missing

   (b) when your friend reports the theft at the local police station

8. Your uncle telephones you to say that your cousin is expecting a penpal from Madrid in a week's time. He asks your advice on activities and food. Imagine the conversation you would have discussing these issues.

9. You are out at the weekend in your local town/city. At the disco you meet a group of Spanish speakers. You strike up a conversation. What would you say/discuss? Imagine the dialogue.

10. You are in school. During class you are called to the Principal's office. Imagine the conversation that takes place between you two.

SEIS CRITERIOS CLAVES DE UNA BUENA COMPOSICIÓN ESCRITA

1 Las ideas

- Son el aspecto primordial de un texto escrito.

- Las ideas constituyen el mensaje que el autor intenta comunicar.

- Una buena composición desarrolla un tema con ideas interesantes y claras.

- Las frases son detalladas y claras al mismo tiempo. Estas frases no sólo contienen ejemplos que captan y mantienen la atención y el interés del lector, sino también contribuyen al desarrollo del tema.

2 La estructura del texto

- La organización o la estructura de un texto determina el orden de las partes de un texto escrito.

- Una composición no está bien organizada si el lector no puede establecer la conexión lógica entre las ideas, lo que por consiguiente, resulta en incomprensión y a veces la frustración.

3 La voz

- La manera en la que se comunica el mensaje de una composición escrita es muy importante. Se dice que la voz es el sello que el autor imprime en sus textos.

- La voz hace que sus textos sean diferentes de otros. El tono del texto es original y concuerda con el género discursivo.

4 El vocabulario

- Se refiere a la riqueza de expresión con la que el autor comunica su mensaje o sus ideas.

- Un texto bien escrito utiliza un vocabulario amplio y variado. Esta variedad permite al lector comprender el texto de manera clara y sin ambigüedades.

5 La fluidez

- Una buena composición se caracteriza por un alto nivel de armonía o fluidez de ideas.

- Cuando las ideas se entrelazan naturalmente, la comprensión del texto resulta fácil y natural.

6 La gramática y la ortografía

- Este aspecto refleja la habilidad del autor para utilizar correctamente no sólo diversas estructuras lingüísticas sino también la ortografía y la puntuación.

- Por ejemplo, una buena composición no contiene ni errores de gramática, ni de ortografía ni de puntuación.

1 LA SOCIEDAD CONTEMPORÁNEA

¿Qué hay en el dibujo?

1.1 La juventud y la sociedad moderna

I. Haz una lista del vocabulario en tu cuaderno y después ponla en común con tus compañeros. Podéis escribirla en la pizarra.

Vocabulario: La juventud			
la agresividad	aggressiveness	el aburrimiento	boredom
la amistad	friendship	el argot callejero	street slang
la autoridad paterna	paternal authority	el club juvenil	youth club
la independencia	self-sufficiency	el complejo	complex
la banda callejera	street gang	el comportamiento	behaviour
la barrera generacional	generation gap	el desarrollo de la personalidad	personality development

la delincuencia juvenil	juvenile delinquency	el conflicto generacional	generational conflict
la incomprensión	lack of understanding	el delincuente juvenil	juvenile delinquent
la independencia	independence	el ídolo	idol
la inseguridad	insecurity	el pandillero	gang member
la pandilla	gang	el piercing	body piercing
la pelea	fight	el tatuaje	tattoo
la pubertad	puberty	los valores familiares	family values

Vocabulario – Los verbos

crecer	to grow up
deprimirse	to get depressed
gritar	to shout
escaparse de casa	to run away from home
estar de moda/estar pasado de moda	to be fashionable/unfashionable
independizarse	to become independent
el conflicto entre padres e hijos	parent–child conflict
mostrar autoridad	to show authority
pertenecer a una tribu	to belong to a gang
mostrar falta de respeto por los demás	to have a lack of respect for others
ver a los jóvenes desocupados	to see young people with nothing to do
querer independizarse	to want to be independent
dejar el hogar	to leave home
tener éxito en la vida	to succeed in life
asumir las responsabilidades de uno	to assume one's responsibilities
tener una infancia feliz	to have a happy childhood

2. Une las expresiones de las dos columnas y escribe en tu cuaderno seis expresiones que no conocías antes:

ser escandaloso •	• to grow
ser rebelde •	• to be childish
ser idealista •	• to be rebellious
ser vulnerable •	• to be an idealist
ser egocéntrico •	• to act irresponsibly
ser infantil •	• to overprotect
ser maduro •	• to identify with
sentirse inseguro •	• to get on well/badly with
sobreproteger •	• to be vulnerable
rebelarse (contra) •	• to feel insecure
ser menor de edad •	• to be outrageous
identificarse con •	• to be underage
llevarse bien/mal con •	• to be egocentric
crecer •	• to be mature
ser responsable ante la ley •	• to be legally responsible
actuar de forma irresponsable •	• to rebel (against)

Los adolescentes y la diversión

1. Lee este texto:

Una nueva forma de divertirse

Me preocupa mucho la forma de divertirse de los adolescentes y jóvenes de nuestro país. Me pregunto: ¿Es una diversión sana?

Basta salir un fin de semana a la calle para ver grupos de chicas y chicos, algunos muy jóvenes, en un estado lamentable de embriaguez. ¡Menuda imagen!

En la prensa leemos que los servicios de urgencias de hospitales y centros sanitarios atienden a un gran porcentaje de jóvenes seriamente afectados por el consumo de alcohol, especialmente durante el fin de semana.

LA PLUMA

El alcohol y otras drogas de diseño están al alcance de casi todos y «los porros» se han convertido en una costumbre entre la juventud en cualquier momento y en cualquier lugar.

Estoy de acuerdo con la idea de que no es bueno generalizar; pero me parece alarmante la proporción de jóvenes, que a partir de los catorce o quince años, salen desde las primeras horas de la tarde hasta altas horas de la madrugada, para beber y consumir todo tipo de sustancias.

Lo malo es que este tipo de sustancias son peligrosas, tanto para la salud física como mental. La mayoría no lo reconoce: salen con sus amigos para estar con ellos, no para consumir. ¿Es un hecho cierto? También me pregunto qué significa la frase «estar con sus amigos», porque yo no entiendo esa frase como el hecho de ir juntos sin más, sino como ir juntos para algo. Ese algo es lo que ellos llaman diversión seguramente; pero ¿cómo pueden divertirse con sus amigos, si a veces ni se enteran de lo que hacen ni de con quién están o si no son ellos mismos porque están bajo los efectos de las drogas?

(a) ¿Se habla de las siguientes cuestiones en este texto? Apunta Sí o No al lado de cuestión:

la forma de divertirse de los adolescentes	la muerte
el estado de embriaguez	la costumbre
la amistad	estar de moda
la banda callejera	los drogadictos
la prensa escrita	el peligro para la salud
la pandilla	estar con los amigos
la autoridad	las desventajas
las bebidas alcohólicas	las estadísticas
la cocaína y la heroína	la intolerancia

(b) Haz frases con las expresiones siguientes:

• un gran porcentaje de jóvenes	• en cantidad moderada
• ser afectados por	• pensar en los futuros efectos
• hábito social/costumbre	• me da la impresión de que
• me parece alarmante	• buscan la satisfacción momentánea
• sustancias peligrosas	• a pesar de las consecuencias

• estar con sus amigos	• mi opinión es que
• divertirse con sus amigos	• controlar esos hábitos
• estar bajo los efectos de las drogas	• ser demasiado tarde

2. Lee las opiniones siguientes y subraya las expresiones que te parecen útiles para la redacción de tu propia opinión sobre el tema *Los adolescentes y la diversión*:

La diversión es buena cosa. Si no te diviertes ¡mala señal!, pero ¡claro! hay formas y formas.

A pesar de la publicidad sobre otras drogas, el alcohol es la droga que con mayor frecuencia causa problemas a los adolescentes.

La gente que bebe y toma drogas no me divierte, me parece un mal rollo porque además se ponen muy pesados y da pena verlos, sobretodo a los muy jóvenes, que se creen mayores y muy súper.

En cuanto al tema de los jóvenes, puede ser que algunos sufran una problemática específica que les lleve a las drogas y al alcohol, pero en muchos casos, también creo que son puras ansias juveniles de conocer y vivir sensaciones fuertes. En algunos casos, pienso que simplemente eligen una forma de divertirse equivocada y que el entorno social la propicia.

Lo que me preocupa es el gran porcentaje de jóvenes, que sólo piensan en divertirse, divertirse y divertirse. Los jóvenes de hoy se olvidan de los estudios y de cualquier otro tema que tenga una connotación más educativa.

A mí me preocupa el consumo excesivo de alcohol, y el de drogas. Somos de los países europeos con mayor índice en consumo de drogas. Eso me da pena. Me parece lamentable y me preocupa. Son los jóvenes los que realmente me preocupan.

3. Traduce al inglés:

¿Qué hacen los niños y jóvenes por las noches? Todos los padres saben que los fines de semana ya comienzan para ellos el miércoles o jueves. Algunos padres se quedan en casa, preocupados hasta que llegan los hijos de madrugada. Lo malo es que no tienen ni idea de lo que están haciendo. Las noticias nos dicen que el consumo de alcohol y drogas ha aumentado y cada vez que oímos hablar de este problema, se dice que empieza a edades más tempranas. A los riesgos que ya implica el consumo de sustancias, podemos añadir los accidentes de tráfico, la violencia, las agresiones, etc., que se multiplican en horario nocturno. ¿Qué podemos hacer? Lo cierto es que tenemos que solucionar este problema.

La delincuencia y los jóvenes

¿Qué puedes ver en el dibujo?

1. Lee a voz alta las opiniones siguientes:

* El comportamiento de algunos jóvenes es un problema causada por la falta de educación y la delincuencia. *Isabel, 24 años.*

* Ya he hablado con muchos de mis amigos y la mayoría estamos de acuerdo: ¡hay que terminar con la delincuencia! *María, 30 años.*

* Una cosa está clara, necesitamos una reacción espontánea y popular contra los grupos de delincuentes que aterrorizan a la gente en las calles. *Jorge, 45 años.*

* A veces, los delincuentes afirman que son los «defensores» del barrio. ¿Qué barrio necesita este tipo de «defensores»? ¡Ninguno! *Carmen, 27 años.*

* Cuando veo a los jóvenes por la noche, normalmente están sentados fumando porros o haciendo *graffiti*. *Xavier, 32 años.*

* ¡Hola! Yo pertenezco a una banda y creo que se ha dado una imagen de los jóvenes que dista mucho de la realidad. A pesar de la opinión pública, no somos todos malos. *Víctor, 17 años.*

* Aunque es cierto que hay delincuencia causada por bandas de jóvenes y que debe eliminarse, ésta se localiza en puntos muy concretos, el resto de la ciudad es muy tranquilo. *Luana, 24 años.*

2. Rellena los huecos con las palabras adecuadas:

en, han, barrio, ejemplo, tendremos que, peleas, verdad, mi, siguiente, increíble, colegio, amenazan, lo que, una paliza..., les, sé, jugar

Es _____ lo que se dice _____ la prensa. En este _____ la gente tiene miedo... Las _____ de «bandas» o de grupos _____ ocurrido toda la vida, desde que a la puerta del _____ te esperaban no _____ cuántos para pegarse por «nosequé», en los parques. Por _____, a los niños en el parque de _____ ciudad, se _____ cobra un euro para que puedan _____ en las pistas de baloncesto. ¡Es _____! Les quitan el móvil o les _____ diciendo que si al día _____ no les llevan dinero u otras cosas, les darán _____ ¡Hasta cuándo _____ vivir esto? ¡Yo personalmente estoy harta de _____ pasa!

3. Conjuga los verbos entre paréntesis y luego escribe las frases completas en tu cuaderno:

(a) *(Vivir, yo)* en mi barrio desde hace cuarenta años y nunca *(tener miedo, yo)* de salir a la calle.

(b) Si *(querer, ustedes)* saber la verdad, vengan un día a *(pasear)* por nuestras calles y parques y observen por uds. mismos si *(existir)* delincuencia y bandas en esta ciudad.

(c) A mi me *(parecer)* más peligroso *(pasear)* por el Bronx que por cualquier zona de esta ciudad.

(d) No *(saber)* ni cuándo, ni cómo, ni porqué los delincuentes *(estar)* haciendo este tipo de cosas. ¡*(Ser)* increíble!

(e) Es indignante lo que *(pasar)*. *(Tener)* que terminar con este tipo de comportamiento.

(f) No me (*poder*) creer lo que se (*haber*) hecho de nuestro parque. No puedo reconocerlo.

(g) El problema no (*ser*) de la juventud en general sino de unas pocas manzanas podridas. (*Ser*) pocos y el estado (*poder*) hacerse cargo de ellos, (*controlar*) los y (*regenerar*) los antes de que (*ser*) demasiado tarde.

(h) Todo esto (*valer*) para todas las comunidades. La nuestra incluída.

4. Pregunta a tu compañero/a: ¿Hay delincuencia en tu barrio? Escribe lo que dice en tu cuaderno.

Los jóvenes y la amistad

1. Trabajo en parejas. Pregunta a tu compañero/a:

- ¿Tienes amigos?
- ¿Cómo se llama? ¿Cómo se llama tu mejor amigo/a?
- ¿Cuántos años tiene?
- ¿Cómo es?
- ¿A qué se dedica?
- ¿Qué tipo de música le gusta?

2. ¿Cuál es tu propia definición de la palabra *amigo/a*? Para ayudarte, utiliza los adjetivos y los ejemplos siguientes (busca las palabras en el diccionario):

Vocabulario: El/la amigo/a

tonto	(im) paciente	goloso	imaginativo
gracioso	contento	hablador	torpe
travieso	perezoso	extravertido	temperamental
trabajador/a	antipático	abierto/a	inseguro/a
irresponsable	simpático/a	activo/a	tolerante
optimista	alegre	bueno/a	sensible
inteligente	fiel	leal	comprensivo
cariñoso/a	tímido/a	cerrado/a	majo/a
pesimista/o	egoísta		

Un/a amigo/a...	sabe/n escuchar
Una buena amiga...	no juzgan
Un buen amigo...	no critica/n, me ayudan
Mi mejor amigo/a...	es/son sincero/a/s

En mi opinión, un/a amigo/a es una persona que…

Para mi, los amigos son personas que…

Lo que más me gusta de ellos/ellas es que….

Lo que más me gusta de ella/él es el hecho que…

Lo que menos me gusta de ella/él es que…

me quiere/n como soy

tiene/n las mismas aficiones

confía/n totalmente en mí

tengo cerca de mi corazón

pasa/n mucho tiempo conmigo

tiene en gran estima mi lealtad

no es/son egoísta/s

es/son abierto/a/s

es/son fiel/es y leal/es

3. Lee estos refranes sobre la amistad. ¿Cuál te gusta más?

- La amistad es amistad, pero el queso es dinero.
- La amistad es miel, pero no te la comas.
- La prosperidad hace amigos, la adversidad los prueba.
- La vida sin amigos, muerte sin testigos.
- Quien busca amigos sin defectos, queda sin amigos.
- A los amigos se les conoce en la desgracia.
- Al caballo y al amigo no hay que apurarlos porque se cansan.
- Al tiempo del higo, no hay amigo.
- Amigo en la adversidad, amigo en la realidad.
- Amigo por amigo, el buen pan y el buen vino.
- Con el amigo bueno hasta la sepultura.
- Cuídate del amigo que fue antes enemigo.
- El abrazo de un verdadero amigo no tiene precio.
- El amigo es un hermano en tiempo de angustia.
- El hombre se ha hecho para tener un amigo.
- Un amigo viejo vale más que cien nuevos.
- Ve diciendo la verdad y sin amigos quedarás.
- El mejor espejo es el ojo del amigo.
- El peor testigo, el que fue tu amigo.

1.2 La familia y el conflicto entre generaciones

Vocabulario: La familia

la madre	mother	la vida en común/ conyugal	partnership
la prima	cousin		
la tía	aunt	la ruptura matrimonial	marriage break-up
la abuela	grandmother	el ama de casa	housewife
la hermana	sister	el amo de casa	house husband
la boda	wedding	el amor	love
la comprensión	understanding	el padre	father
la confianza	trust	el primo	cousin
la discusión	argument	el tío	uncle
la fidelidad	age of consent	el abuelo	grandfather
la franqueza	frankness	el hermano	brother
la honestidad	honestly	el cariño	affection
la infidelidad	infidelity	el compañero	partner
las labores del hogar	housework	el conflicto	conflict
la novia	girlfriend	el divorcio	divorce
la pareja	partner/couple	el matrimonio	marriage
la pareja de hecho	unmarried couple	el novio	boyfriend
la separación	separation	el respeto	respect
el sentimiento	feeling		

Vocabulario

casarse (con)	to get married (to)
cohabitar	to live together
comprometerse	to get engaged
confiar (en alguien)	to trust (someone)
convivir	to live together
enamorarse	to fall in love
estar/ser celoso	to be jealous/to be a jealous person
estar comprometido	to be engaged
separarse	to separate
ser fiel/infiel	to be faithful/unfaithful
vivir juntos	to live together
criar una familia	to raise a family
obtener el divorcio	to get divorced
crecer en una familia estable	to be brought up in a stable family
tener una aventura amorosa	to have an affair
ser soltero/a	to be single
tener en cuenta las circunstancias familiares	to take into account family circumstances
mostrar autoridad	to show authority

I. Lee el artículo siguiente y contesta a las preguntas:

Una madre asturiana quiere ceder la tutela de su hija de 13 años por rebelde e incontrolable

1. Mónica López, vecina del municipio asturiano de La Calzada, «no puede más». «Yo más no puedo hacer por ella, a no ser que quieran que la ate dentro de casa para que no se escape», ha contado desesperada al diario *El Comercio*.

2. Quién la trae por la calle de la amargura es su hija mayor, de 13 años, que entre sus últimas travesuras suma el haberse escapado de casa con su novio. Tanto es así que ha pedido al Gobierno regional que asuma la tutela de la niña y la interne en un centro de menores. Por ahora no ha recibido respuesta. «Ni mi marido ni yo no somos capaces de controlarla. Lo que queremos es que Servicios Sociales se haga cargo de ella, que asuma la tutela y la reeduque en algún centro de menores», asegura la madre. «Hemos ido a decenas de cursos y terapias y seguimos todas las pautas que nos recomiendan para la educación de adolescentes, pero no sirve de nada», añade Mónica. Pero el trámite es «muy lento, lleva un proceso muy largo» y mientras la niña «sigue en casa y no podemos hacer nada para controlarla», añade.

3. En los dos últimos años, la menor se ha escapado dos veces de casa. Sobre ella pesan dos denuncias por robos y agresiones a menores. La última aventura tuvo como destino Alicante. «Se fueron tres días [ella y su novio] y pese a que denuncié la desaparición, no hicieron nada y fue ella la que al final regresó cuando le dio la gana. Iban sin dinero.»

4. «¿Qué más podría hacer en Alicante que robar o prostituirse?», explica la madre. «Los profesores e incluso vecinos del barrio se quejan continuamente de su comportamiento agresivo. Es muy violenta», añade Mónica, que lo achaca a «las malas compañías con las que anda» (entre ellas, su novio, «con el que el otro día se pasó todo el fin de semana durmiendo en una chabola y que tiene 19 causas pendientes»).

El País, 24 de abril de 2007

(a) *Párrafo 1*

   • Where does the mother live?

   • To what organisation did she tell her story?

(b) *Párrafo 2*

   • What type of incident was her daughter recently involved in?

   • What query did she make to the regional government?

   • What do the parents ultimately want?

   • What have they done so far to cope with their daughter's behaviour?

(c) *Párrafo 3*

   • How many times did the teenager run away from home?

   • What did her last adventure involve?

(d) *Párrafo 4*

   • Who complains about the aggressive behaviour of the teenager?

   • What information is given about her boyfriend?

(e) Subraya los verbos en las siguientes frases. Escribe sus formas en el infinitivo, el pretérito y el futuro:

   • Quién la trae por la calle de la amargura es su hija mayor, de 13 años, que entre sus últimas travesuras suma el haberse escapado de casa con su novio.

   • «Ni mi marido ni yo no somos capaces de controlarla», asegura la madre.

   • El trámite es «muy lento, lleva un proceso muy largo.»

   • La niña «sigue en casa y no podemos hacer nada para controlarla», añade.

   • Sobre ella pesan dos denuncias por robos y agresiones a menores.

   • «Los profesores e incluso vecinos del barrio se quejan de su comportamiento agresivo.»

2. Lee y responde:

Jóvenes sin rumbo

1. La adolescencia está llena de oportunidades y riesgos. Entre los 11 y los 17 años, los adolescentes comienzan a tomar algunas decisiones, sienten necesidad de experimentar y conocer cosas nuevas, buscan tener una identidad propia que les diferencie del resto. Pero también surgen la rebeldía, la inseguridad y las dificultades. Sin duda es una prueba también para los padres, pues manejar hijos adolescentes requiere habilidad y paciencia. Es frecuente escuchar a los padres decir «mi hijo no me escucha, hace lo que quiere, es imposible».

2. El hecho de ser jóvenes, no les concede derechos especiales e ilimitados. No significa que puedan hacer, decir o pensar como les da la gana, sin responsabilidad alguna. La adolescencia es una época difícil en la que sufren cambios físicos, mentales, emocionales, y sociales que se suceden rápidamente. Ni ellos mismos se entienden. Con frecuencia, los padres son demasiado permisivos a la hora de comprar caprichos, ropas de marca, móviles, motos y demás. Consienten horarios nocturnos intempestivos y les facilitan a veces el manejo de demasiado dinero...

3. Antes, muchos padres soportaban vejaciones, insultos, gritos, chantajes emocionales y amenazas. Hoy, hay casos de adolescentes que pegan a sus padres. A veces los hijos se convierten en una pesadilla que los padres, por vergüenza, no comentan con nadie... Existen códigos de derechos de los niños, pero sería bueno recuperar ciertos principios de autoridad, de respeto, de derechos, y de obligaciones. Lo mejor es ser capaces de ponerse en lugar del otro, generar empatía y estimular a los jóvenes sin que sea necesaria la rigidez.

4. La comunicación esencial con los hijos, interesarse por sus problemas y sus sueños, no se improvisa. No sirve intentarlo cuando ya hay problemas. La confianza mutua es algo que se gana a pulso todos los días. Los adultos deben servirles de referencia, darles a conocer con una práctica coherente, un mundo de valores que les permitan ser personas íntegras y felices. ¿Cuándo se trasmiten el respeto, la responsabilidad, la honestidad, la cooperación...? Seguramente en los hechos sencillos de cada día, no en las monsergas ni en teorías.

    María José Atiénzar, Solidarios, www.ucm.es/info/solidarios/

(a) *Párrafo 1*

 • List two things that characterise adolescence.

(b) *Párrafo 2*

 • What does being young mean?

(c) *Párrafo 3*

 • How have times changed?

 • What is the best thing for parents to do?

(d) Párrafo 4

- What cannot be improvised?

- What role must adults play?

(e) ¿Qué significa el titular de este artículo?

(f) Completa las frases siguientes con frases extraídas del artículo o con tus propias palabras:

- La adolescencia está…

- Los adolescentes comienzan a…

- Tener una identidad propia…

- Es frecuente escuchar a los padres…

- Los padres son demasiado…

- Antes, muchos padres…

- A veces los hijos…

- Lo mejor es…

- Ponerse en lugar del otro…

- Los adultos deben…

3. Translate into English:

¿Qué valores transmite la sociedad de hoy a los adolescentes?

Hoy en día ser adolescente es muy difícil.

Es ley de vida que cuando crecemos nos olvidamos de que la adolescencia es una época de experimentación, de rebeldía y de locura. Nuestros propios padres han vivido en sus propias carnes lo que es ser joven.

Es la forma que tiene la naturaleza de que encontremos nuestra propia personalidad, nuestro propio camino.

Lo que quiero decir es que, incluso con los padres «ideales» y en un mundo «ideal» los jóvenes seguirían desoyendo normas, saboreando cosas peligrosas, etc... De todas formas, desde luego eso se puede acentuar en una sociedad como la nuestra. Si los jóvenes ven que sólo se valora lo material, que cada vez es más difícil tener un empleo estable y una casa... pues con ese futuro, ya me diréis qué valor le pueden dar al presente.

4. (a) Lee en voz alta lo que dice esta chica y subraya los verbos:

(b) ¿Qué sabes del Imperativo?

La batalla «Ordena tu cuarto»

Mi madre se enfada conmigo cada vez que entra en mi dormitorio y cuando ve el desorden de mi cuarto. Me dice que soy perezosa y esto me molesta. Además, su manera de hablar es diferente porque me habla con imperativos, dice o grita cosas como:

- «¡Limpia tu dormitorio!»
- «¡Ordena tus cosas!»
- «¡Haz la cama!»
- «¡Apaga la tele!»
- «¡Pon toda la ropa en el armario!»
- «¡Coge esto del suelo!»
- «¡Saca la basura!»
- «¡Pasa la aspiradora inmediatamente!»
- «¡Lleva los platos sucios a la cocina!»

5. ¿Qué quieren decir los refranes siguientes?

- El cielo no se ara, al padre no se le acusa.
- Entre padres y hermanos, no metas tus manos.
- Hijos pequeños, dolores de cabeza; hijos grandes, dolores de corazón.
- La buena madre no dice quieres.
- Las palizas de la madre nunca rompieron huesos.
- Los locos y los niños dicen las verdades.
- Quien es rico, tiene parientes.
- Si el hijo sale al padre, de dudas saca a la madre.
- Una hija, una maravilla.

1.3 La vejez y la sociedad

1. Actividad en clase: ¿Qué sentido tienen las expresiones siguientes? Cada expresión tiene sus connotaciones.

- tercera edad

- personas mayores

- viejos

- abuelos

Vocabulario			
la demencia senil	senile dementia	el achaque	ailment
la dignidad humana	human dignity	el anciano	old person
la jubilación	retirement	el asilo de ancianos	old people's home
la jubilación anticipada	early retirement	el/la enfermero/a geriátrico/a	geriatric nurse
la pensión de jubilación	old-age pension	el familiar	relative
		el jubilado	retired person
la residencia de ancianos	old people's home	los mayores	elderly
		el/la pariente	relative
la soledad	loneliness	el/la pensionista	pensioner
depender (de alguien)	to depend (on someone)	el seguro de vida	life insurance
envejecer	to get old	ser duro de oído	to be hard of hearing
jubilarse	to retire	el cuidado de los ancianos	care of the elderly
ser dependiente/ frágil	to be dependent/ fragile		

ser sabio	to be wise	una persona de edad	elderly person
ahorrar para	to save for		
adaptarse a la jubilación	to adjust to retirement	actividades para la tercera edad	activities for the elderly
estar encerrado en casa	to be house-bound	jubilarse anticipadamente	to take early retirement
estar en una silla de ruedas	to be in a wheelchair	el envejecimiento de la población	the ageing of the population
contribuir a la sociedad	to contribute to society	el servicio de comidas a domicilio	meals on wheels

2. Lee el texto y contesta a las preguntas:

Vejez, jubilación y el mito social

1. Ser viejo no es sinónimo de estar enfermo o de estar necesariamente triste, pero con frecuencia se considera normal un descenso en el estado de ánimo de los ancianos. Cuando un adulto alcanza la edad de la jubilación representa para la propia persona dos cosas: por un lado ha alcanzado la vejez y por otro ya no es útil a la comunidad.

2. Para muchas personas la vejez es un proceso continuo de crecimiento intelectual, emocional y psicológico. Momento en el cual se hace un resumen de lo que se ha vivido hasta el momento. Es un periodo en el que se debería gozar de los logros personales y contemplarse los frutos del trabajo personal, útiles para las generaciones venideras.

3. El envejecimiento es un proceso que comienza pronto en la persona. En general esta realidad no se tiene en cuenta. Afecta a todos y requiere una preparación, como la requieren todas las etapas de la vida. La vejez constituye la aceptación del ciclo vital, único y exclusivo de uno mismo y de todas aquellas personas que han llegado a este proceso. Supone una nueva aceptación del hecho que uno es responsable de la propia vida. Saber que todos envejecemos, prepararnos para hacerlo bien y sacarle mayor provecho posible a esos años, es un aspecto importante de nuestra educación.

4. La etapa de la vejez comienza alrededor de los 65 años y se caracteriza por un declive gradual del funcionamiento de todos los sistemas corporales. Por lo general se debe al envejecimiento natural de las células del cuerpo.

5. También es cierto que la vejez es una etapa caracterizada por la multiplicidad de perdidas y la elaboración de duelos que acontecen por esas perdidas. La sociedad moderna excluye a nuestros mayores, provocando en ellos malestar y complicaciones, falta de ilusión, de alegría, de ánimo. Pero el más grande que sufren es la soledad.

6. ¿Qué nos pasa como sociedad que no podemos ver que la tercera edad es el comienzo de una nueva actividad? La transmisión de saberes que requieren ser escuchados, desde la implicación de los mayores, en las grandes y pequeñas cosas que conforman el devenir de la sociedad. Ser mayor no es estar retirado, es por el contrario una forma diferente de participación, que es indispensable para nuestro propio crecimiento y el de nuestros hijos.

Adriana Chercover, www.psicomundo.com

(a) What does retirement mean to a person?

(b) What does old age represent for many people?

(c) When does the ageing process begin?

(d) What constitutes an important aspect of our education? Give two examples.

(e) What causes the ageing process?

(f) How does social exclusion affect the elderly?

(g) Escribe las frases españolas del texto que sean sinónimas a las siguientes:

Párrafo 1

- no es lo mismo

- a menudo

- llegar a

Párrafo 2

- desarrollo

- que vienen

- éxitos

Párrafo 3

- temprano

- no importa

- necesitan

3. Contesta a las preguntas siguientes y, si quieres, apoya tus respuestas con ejemplos del texto que acabas de leer o con el vocabulario dado:

Ejemplo:

Para lograr una buena convivencia y mantener una excelente comunicación con las personas mayores es necesario tener respeto y paciencia y ayudarlos cuando tenemos tiempo libre. También es necesario tratar de no criticar o juzgar sus costumbres o las cosas que fueron modernas en su época.

- ¿Qué es necesario para lograr una buena convivencia con nuestros abuelos?

- ¿Cómo podemos comunicarnos con las personas mayores?

- ¿Qué valores fundamentales necesitamos?

- ¿Cómo debemos tratarlos?

- ¿Qué hacer para que no se automarginen?

4. (a) Translate the following text into English.

   (b) Explica el uso de 'se' en estas frases:

¿Qué se le puede ofrecer al anciano para superarse?

- Se le puede ofrecer calor o comunicación afectiva.

- Se le puede ofrecer atención a su enfermedad.

- Se le puede ofrecer ayuda para su adaptación.

- Se puede comprender su estado poniéndonos en su lugar.

- Es necesario reconocer que son personas útiles.

- Hay que pedirles consejo, aceptar sus sugerencias.

- Sería útil encargarles algún trabajo a la medida de sus posibilidades.

- Tenemos que estimularlos para que se arreglen.

- Es necesario aplaudir sus logros y no magnificar sus fracasos.

- Pero sobre todo, hay que darles mucho amor.

5. Lee las opiniones siguientes a voz alta:

Es un hecho bien conocido que el envejecer es un proceso natural e inevitable. Nos vamos dando cuenta de él por el reconocimiento de nuestro cuerpo cambiante, del espejo, de la mirada del otro y de la exclusión de la sociedad.

Los viejos necesitan demostración del afecto. Este afecto debe venir principalmente de sus familiares, en especial de los jóvenes, que son los que a veces afirman sobre ellos los juicios más severos.

A pesar de la percepción publica, la mayoría de las personas de la tercera edad conservan un grado importante de sus capacidades, tanto físicas como mentales, cognitivas y psíquicas.

La jubilación es en realidad un momento propicio para dedicarse a actividades que, por falta de tiempo no pudieron realizarse antes.

Los abuelos son ejemplo de vida, sabiduría y experiencia.

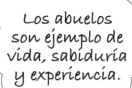

La experiencia y sabiduría que nos dan los años simplemente no tienen precio, es por eso que cada abuelito y persona mayor merece todo nuestro respeto y admiración.

Visítalos, atiéndelos, consiéntelos, acompáñalos al doctor, ayúdalos en todo lo que puedas. Recuerda respetarlos y tener el máximo de consideraciones hacia ellos.

Acude a ellos, llénalos de amor cada vez que puedas.

Los sociólogos y los estadistas afirman que el aumento del número de ancianos hace difícil la inclusión de éstos en la sociedad.

6. Escribe en español tu opinión (entre 80 y 150 palabras) sobre **una** de las siguientes afirmaciones:

- La sociedad excluye a nuestros abuelos.

- Antes, el viejo era un símbolo de respeto y sabiduría. Anteriormente se le tenía un lugar especial en casa, era imposible pensar que pudiera acabar sus días en un asilo de ancianos.

- Cada arruga es una herida que debemos ocultar.

- En realidad, ¿qué es ser viejo? La mayoría de las definiciones subrayan los aspectos deficitarios, negativos: la vulnerabilidad, la propensión a las enfermedades, la progresiva marginación, el acercamiento de la muerte.

- ¿Qué hacer para integrar a los ancianos en la comunidad?

- Fomentar una convivencia entre los abuelos y sus nietos es una manera de enriquecer y fortalecer la relación de la familia entera.

7. Lee estos refranes. Escribe cinco en tu cuaderno.

- Hazte viejo temprano y vivirás sano.

- La hija y la heredad, para la ancianidad.

- La juventud no sabe lo que los viejos y los viejos saben olvidan lo que fue la juventud.

- La muerte es el mañana de los viejos.

- Cada cosa a su tiempo.

- Cien años de guerra y no un día de batalla.

- Con los años viene la paciencia.

- Cuando hay arruga, no hay duda.

- El tiempo aclara las cosas.

- El corazón no envejece, el cuero es el que se arruga.

- Al que madruga, dios lo ayuda.

- Ausencias causan olvidos.

- Hay más tiempo que vida.

- La ausencia es, a veces, enemiga del amor, aunque el que bien ama, tarde olvida.
- La naturaleza, el tiempo y la paciencia son los tres grandes médicos.
- Mañana no tiene fin.
- Más vale tarde que nunca.
- No dejes para mañana lo que puedas hacer hoy.

¡Ojo!   Antes de comenzar:

1. Planear – tus ideas y número de párrafos (X 3 aprox.)
2. Preparar – el vocabulario necesario

    – las estructuras adecuadas

    – conectores

3. Escribir (Apéndice 1 y 2)

AUTO-EVALUACIÓN: CONSOLIDACIÓN DE CONOCIMIENTOS

Expresión personal – Reaccionar frente a estos temas.

1. Otros tiempos, otras costumbres.
2. La falta de comunicación y la incomprensión, son factores determinantes y creadores de tristeza y de enfermedades.
3. Los viejos nos transmiten valiosos conceptos de amor y familia.
4. No lo olviden: Envejecer es obligatorio, madurar es opcional.
5. Es necesario experimentar y conocer cosas nuevas.
6. La adolescencia es una época difícil que nadie entiende.
7. La vida: un ciclo de cambios
8. Los jóvenes de hoy dicen, con gran orgullo, pertenecer a una banda. Ser miembro de una banda es algo muy guay. Al menos, eso es lo que algunos jóvenes piensan.

2 LA ECOLOGÍA

2.1 El medio ambiente

1. ¿Qué puedes ver en el dibujo? Cuenta lo que veas a tu compañero/a.

2. En grupos escribid una lista de 10 causas y una de 10 efectos de la polución utilizando el vocabulario. No es necesario hacer frases completas.

Vocabulario: El medio ambiente

la capa de ozono	ozone layer	el cubo de la basura	rubbish bin
la polución atmosférica	atmospheric pollution	los temas ecológicos	ecological topics
la contaminación de los ríos	contamination of rivers	el nivel del mar	sea level
		el cambio	change
la niebla tóxica	smog	el consumo energético	energy use
la lluvia ácida	acid rain	el calentamiento planetario	global warming
la marea negra	oil spillage	el Protocolo de Kyoto	Kyoto Protocol
las amenazas	threats	el viento	wind
la catástrofe natural	natural disaster	el clima	climate
la ecología	ecology	el cambio climático/ el cambio de clima	climate change
la opción de la energía nuclear	nuclear energy option	el científico	scientist
la posibilidad de accidentes nucleares	possibility of nuclear accidents	el deshielo de los glaciares	melting of icebergs
la central eléctrica	power station	el carbón	coal

Vocabulario: El medio ambiente

la energía hidráulica	water power	el desecho radioactivo	radioactive waste
la energía renovable/ no renovable	renewable/non-renewable energy	el desperdicio de…	waste of…
		los recursos energéticos	energy resources
la energía eólica	wind power	los recursos naturales	natural resources
la energía solar	solar power	los vertidos nucleares	nuclear waste
el efecto invernadero	greenhouse effect	el desastre ecológico	ecological disaster
el agujero en la capa de ozono	hole in the ozone layer	los desechos tóxicos	toxic waste
		el deterioro ambiental	environmental damage
el bloque de hielo	block of ice		
el contenedor de vidrio	glass container		

3. (a) ¿Cuáles de estos verbos tienen connotaciones negativas dentro el contexto ecológico?

consumir _____

reducir _____

reciclar _____

despilfarrar _____

estar subiendo _____

respetar _____

proteger _____

dañar _____

agotar _____

ahorrar _____

amenazar _____

envenenar _____

verter _____

clasificar la basura _____

ser peligroso _____

estar en peligro _____
(de extinción)

(b) Elige diez verbos de esta lista y haz frases completas en los espacios dados. Luego, compártelas con el resto de la clase en la pizarra.

4. Lee y responde:

A la playa con el cargador puesto

1. Triumph presenta un bañador que es capaz de recargar el móvil con energía solar
    La base del equipo español que participa en la Copa América ha acogido hoy
    la presentación de la nueva línea de bañadores y lencería de la firma alemana
    Triumph. Entre las modelos que han participado en el desfile se encuentra Gemma
    Mengual, ganadora de seis medallas en natación sincronizada en el pasado Mundial
    de Melbourne, que ha lucido el Solarcell, una prenda de baño que recoge la energía
    solar y la aprovecha para recargar la batería de dispositivos electrónicos como el
    iPod o el móvil.

2. El Solarcell es un bañador que resulta llamativo tanto por su diseño — tiene una
    apertura hasta el ombligo y tres cortes horizontales a lo largo del pecho y un
    profundo escote en la espalda — como por la tecnología que incorpora.

3. Realizado en colaboración con la empresa Conergy, el bañador incorpora
    doscientas células solares que permiten generar una potencia de 4 vatios, que
    puede ser utilizada para la recarga de teléfonos móviles y reproductores de MP3.
    Las células solares de monocristales flexibles y rectangulares, están interconectadas
    y en cuanto el bañador se expone al sol, se puede recargar el dispositivo de la
    batería utilizando un pequeño conector situado en uno de los laterales.

Agencia EFE

(a) *Párrafo 1*

  • What type of swimsuit is presented?

  • Who was involved in its design?

  • Who is Gemma Mengual?

(b) *Párrafo 2*

  • What is Solarcell?

  • Describe the features of the bathing suit.

(c) *Párrafo 3*

  • What function do the solar cells have?

  • What are they made of?

  • How can the battery device be recharged?

2.2 La energía y el calentamiento global

1. In pairs, read the following article and make a short summary, using the highlighted vocabulary:

Hoy también es el día del medio ambiente

Hoy también es el día del Medio Ambiente. Cada semana. Cada hora. Cada segundo. Cada una de nuestras acciones puede agredir o respetar el planeta en el que vivimos. Desde hace más de un siglo, los seres humanos estamos explotando, casi hasta el agotamiento, a la Tierra. Pequeños cambios en los hábitos de cada persona pueden ayudar a mejorar el medio ambiente.

El calentamiento global, la tala incontrolada de árboles, el avance de los desiertos, la explotación de mares y bosques, la construcción masiva de montañas y playas, el desgaste de las tierras de cultivo, el agujero de la capa de ozono…. Peligros de los que los expertos nos alertan cada día, pero que ya no nos dan miedo. No nos terminamos de creer que la catástrofe medioambiental ya está aquí y que la responsabilidad no es sólo de los gobiernos y multinacionales, también de nuestra forma de actuar cada día.

Si pensamos en nuestra vida diaria, los centros de las ciudades se llenan cada mañana de coches en los que sólo viaja una persona. En muchas ocasiones, familias de cuatro miembros cuentan con cuatro coches o más. En países como Estados Unidos no existen normas que regulen el consumo de gasolina de los coches. ¿Por qué no crear un sistema de transporte público que ayude a paliar los efectos de las emisiones de dióxido de carbono a la atmósfera? ¿Por qué no se investiga para construir transportes menos contaminantes o que funcionen con energías limpias?

La reducción del uso del papel debería ser otro de nuestros retos. «Vamos al baño, papel higiénico; queremos secar una sartén, papel de cocina; nos sonamos la nariz, pañuelos de papel; y, por supuesto, en el trabajo, folios para informes, para hacer un borrador, para escribir el recado telefónico…» El consumo de papel aumentó seis veces en menos de cincuenta años y para el 2010 consumiremos más de 300 millones de toneladas, advierten los expertos. En un año, el hombre es capaz de arrasar 18 millones de hectáreas de árboles. El Amazonas y los grandes bosques no nos sobrevivirán a este ritmo.

Es hora de que la sociedad civil tome conciencia de su responsabilidad. Dejémonos de quejas y críticas a las empresas y administraciones y empecemos a mirar nuestros propios hábitos. Sólo así podremos exigir a nuestros gobernantes un desarrollo sostenible respetuoso con el Medio Ambiente.

Ana Muñoz, Solidarios, www.ucm.es/info/solidarios/

2. Translate into English:

El agua

El agua debe ser fuente de vida, nunca fuente de conflictos. Mientras que en 80 países no hay agua suficiente para su población, el 60% del agua potable se consume en nueve países.

El agua ha provocado conflictos en ciertas regiones del planeta desde hace tiempo. En Oriente Medio y África el líquido vital se considera un recurso estratégico y las tensiones entre los países de la región que comparten suministros, como Israel y Jordania, aumentan cada día. Para 2025, cuarenta países de estas regiones sufrirán escasez debido al aumento de población.

En los países donde el líquido vital es escaso, se registran los mayores índices de pobreza, hambre y enfermedades. La falta de agua es causa del 80% de las muertes y enfermedades en los países empobrecidos. Más de 1.400 millones de personas no tienen acceso a la cantidad diaria de agua necesaria para sobrevivir y 6.000 niños mueren de sed cada día.

La vida del ser humano depende del agua. Que vivamos con salud o enfermos, que pasemos hambre o podamos comer, depende de nuestras posibilidades de acceso al líquido elemental. El agua debe ser fuente de vida, nunca fuente de conflictos. Es hora de cooperar, y no de combatir, para que todas las personas del mundo puedan beber y vivir.

Alberto Sierra, Solidarios, www.ucm.es/info/solidarios/

¿Qué piensas de la energía nuclear?

3. Lee en voz alta las opiniones siguientes. ¿Estás de acuerdo con estas afirmaciones?

Algunos científicos consideran que hay que recurrir a la energía nuclear, porque no es posible que las fuentes renovables, viento, mareas y corrientes de agua, proporcionen energía suficiente y a tiempo.

Hay algunos que piensan que sólo con las energías renovables y la eficiencia lograremos alcanzar un modelo energético más limpio, más seguro y menos costoso.

La opción de la energía nuclear no es aceptada por todos a causa de los residuos radiactivos y la de la posibilidad de accidentes nucleares.

Se estima que sólo con las energías renovables lograremos alcanzar un modelo energético más limpio, más seguro y menos costoso.

Las predicciones de algunos dicen que para 2050, los polos se habrán deshelado lo que provocará inundaciones masivas por el deshielo de los glaciares.

4. Lee las frases siguientes y, en grupos, prepara un póster informativo utilizando algunas de las frases aquí dadas:

Breve informe sobre el calentamiento global

(a) El 16 de febrero de 2005 entró en vigor el Protocolo de Kyoto, siete años después de haberse acordado. La entrada en vigor del Protocolo de Kyoto es el mejor tratado para que el futuro del planeta se prolongue durante generaciones.

(b) Las 129 naciones firmantes empezaron a aplicar medidas para reducir la emisión de los gases contaminantes que causan el calentamiento global.

(c) El país más contaminante de la Tierra no se encuentra entre los que han suscrito el Protocolo de Kyoto.

(d) Los Estados Unidos emite más de la cuarta parte de todos los gases contaminantes que se producen en el planeta.

(e) Las consecuencias de la no aplicación del Protocolo de Kyoto son impredecibles para el futuro.

(f) Los científicos advierten de que la capa de hielo que forma el Círculo Polar Ártico y la Antártica se seguirá reduciendo en los próximos años y las especies que viven sobre ellas, como los osos polares o las focas, corren grave peligro de extinción.

(g) Cada año sube cuatro milímetros el nivel del mar, se reduce la extensión de las costas, se inundan las playas, se producen con más frecuencia olas de calor, sequías y escasez de lluvia.

(h) En 2003, 20.000 personas murieron a causa de la ola de calor que asoló Europa durante los meses de verano.

(i) También los científicos afirman que la temperatura del planeta se incrementará entre 1,5 y 6 grados centígrados durante el presente siglo, así como que se producirá un mayor número de catástrofes naturales cada año.

(j) El impacto del efecto invernadero se sentirá durante los próximos años en la disminución de la cubierta de hielo y de nieve. El cambio climático también provocará un calentamiento adicional del planeta, ya que el suelo y el océano absorberán más radiación.

2.3 La vida urbana y el modelo sostenible

1. (a) Lee el texto siguiente y en grupos haz una presentación de un minuto sobre cada uno de los párrafos.

   (b) Divide la pizarra en cuatro secciones y en cada sección haz una lista de vocabulario/ expresiones sacadas de los párrafos que has estudiado.

Por una ciudad más humana

Hoy día, la tendencia es fabricar urbes más amables, sanas y verdes. Con medidas más solidarias y ecológicas, se pueden convertir en espacios en los que dará gusto vivir. Tráfico, ruido, inseguridad, contaminación... Son muchos los obstáculos que hacen que la vida en las grandes ciudades sea más complicada.

Las ciudades verdes piden paso y, mientras muchos se preguntan si será posible vivir sin contaminación, llegan ejemplos como el de la localidad pamplonica de Sarriguren para convencernos.

Esta localidad ahorra un 50% de energía gracias a los paneles solares y ha utilizado materiales ecológicos en la construcción de sus viviendas protegidas, todas con aislamiento térmico para ahorrar calefacción y aire acondicionado, espacios verdes, árboles y de cinco plantas como máximo. La ecociudad es posible.

Escapar de las grandes ciudades e irse a vivir a las pequeñas parece ser el único recurso de muchos bolsillos para llegar a fin de mes. Ciudades como Madrid y Barcelona son de las más caras del mundo.

¿Qué cambios necesitamos?

1. Mejor salud

Las consecuencias de vivir con el ruido infernal son muchas, desde depresiones hasta irritabilidad, falta de sueño, ansiedad y demás trastornos. Está demostrada la vinculación entre los problemas de salud y el medioambiente; es decir, que a mayor contaminación más asmas, alergias, rinitis, etc.

2. Más leyes

La Ley de Calidad del Aire y Protección de la Atmósfera, aprobada recientemente, pretende reducir los niveles preocupantes de contaminación atmosférica en los núcleos urbanos, provocados sobre todo por el tráfico. Por ello, los ayuntamientos deberán limitar la construcción de nuevas viviendas si éstas no rebajan sus índices de contaminación, elaborar planes para que se pueda reducir e informar a los ciudadanos (en municipios con más de 250.000 habitantes) sobre los niveles de contaminación y calidad del aire.

3. La bici

Si queremos ciudades sin humos y más ecológicas tenemos que promocionar y cuidar la bici y a los ciclistas. Es lo que nos recomienda el manual «En bici, hacia ciudades sin malos humos», que publica la Unión Europea. Por este motivo y porque si se duplicaran los usuarios de la bici definitivamente mejoraría la calidad del aire de nuestras ciudades, los ayuntamientos prometen replantearse su política de transportes y apoyar la creación de los carriles bici. Ya existen algunos ejemplos como el de

Avilés, que a partir de mayo cederá bicicletas gratis a sus ciudadanos, y el de Barcelona, con las estaciones bicing, un sistema que eliminará 116 plazas de aparcamiento de coche y 270 de moto en favor de las bicicletas.

4. Decir adiós al exceso de ruido

Fábricas, coches, aviones, bares de copas, discotecas.... Uno de cada tres españoles se queja del ruido excesivo de su ciudad, según el Instituto Nacional de Estadística sobre calidad de vida. Las consecuencias de vivir con el ruido infernal son muchas, desde depresiones hasta irritabilidad, falta de sueño, ansiedad y demás trastornos. Hasta ahora, la única solución es acudir a los tribunales, cosa que cada vez hacen más ciudadanos.

Revista Mia, www.miarevista.es

2. Lee y responde:

Una nueva visión de un desarrollo sostenible

Estados Unidos, Europa, Japón, India y China acaparan el 75% de la «biocapacidad» de la Tierra. Cada persona ocupa un espacio ecológico, lo que los expertos llaman huella ecológica, de 2,3 hectáreas. Cada estadounidense, sin embargo, ocupa 9,5 hectáreas. Los europeos y japoneses se sitúan en torno a 5 hectáreas y China e India todavía están en valores inferiores a la media mundial. No obstante, «el aumento de la demanda de energía, alimentos y recursos por parte de los más de 2.500 millones de chinos e indios está provocando graves efectos en el medio ambiente de manera global», denuncia el presidente del Worldwatch Institute, Christopher Flavien, en el informe sobre el *Estado del Mundo 2006*. El impacto generado por el consumo de los recursos de la Naturaleza y por los residuos generados por el hombre, desde hace 20 años, se está haciendo insostenible.

El informe denuncia que el crecimiento de China e India demuestra cómo el modelo de desarrollo occidental será incapaz de sostener a los más de 8.000 millones de habitantes que habitarán el planeta en este siglo XXI, sobre todo, si todos los países alcanzasen los niveles de consumo de energía o recursos naturales que en Europa y Estados Unidos. Si todas las familias chinas tuvieran un simple frigorífico, la capa de ozono no lo resistiría. Tampoco el Amazonas podría asumir que toda la población de

la Tierra utilizase papel higiénico. En poco más de una década, el pulmón del planeta desaparecería.

Las emisiones de dióxido de carbono son otro de los graves problemas a los que tendremos que enfrentarnos. Estados Unidos emite seis veces más dióxido de carbono que China y veinte veces más que India. Si estas dos economías emergentes produjeran los niveles de contaminación que la primera potencia económica mundial, «se necesitarían dos planetas Tierra tan sólo para poder sostener sus economías», denuncia el Worldwatch Institute.

Estados Unidos, Europa, Japón, China e India tienen que unir sus esfuerzos para conseguir una nueva visión de un desarrollo sostenible en este siglo XXI. Ciudadanos, consumidores, empresas y gobiernos tienen que exigirse y avanzar en el desafío de buscar alternativas que respeten la biodiversidad. La reducción de la pobreza pasa por pensar en la Naturaleza que nos rodea, si no tan sólo un pequeño número de países podrán salir de ella. Se cumplirá la máxima de «tiene que haber pobres para que puedan existir ricos».

Ana Muñoz, Solidarios, www.ucm.es/info/solidarios/

3. Pregunta a tu compañero/a y luego apunta su respuesta en tu cuaderno:

(a) ¿Cuál es la situación medioambiental en Irlanda?

(b) ¿Cuánta contaminación hay? *Mucha/bastante/poca/nada*

(c) ¿Cuánto se recicla? *Mucho/bastante/poco/nada*

(d) ¿Qué otros problemas ecológicos hay? *Ruido/tráfico/incendios/inundaciones/desertización/polución/ basura…*

(e) ¿Cuánta energía renovable se produce? *Mucha/bastante/poca/nada*

(f) ¿Qué se recicla en tu casa? *Papel/plástico/vidrio/pilas*

(g) ¿Qué malgastamos todos los días? *Electricidad/agua/energía*

(h) ¿Qué tenemos que ahorrar? *Energía/reservas naturales: petróleo/agua/carbón*

(i) ¿Qué harías tú si fueras alcalde de tu ciudad?

Useful verbs and expressions

hay que	ahorrar; cuidar; proteger; reciclar; cambiar
tenemos que	tomar medidas; utilizar; mejorar la situación
se puede/podemos	
no se puede/no podemos/ podríamos	
debemos/(no) se debe/ deberíamos	proteger; cuidar; luchar contra; educar; solucionar este problema

si fuera alcalde + Conditional	cambiaría; cuidaría; reciclaría; lucharía; solucionaría; buscaría soluciones; mejoraría
reciclar	papel; plástico; vidrio
cuidar/proteger	los ríos; el mar; los bosques
malgastar	electricidad; agua; energía
ahorrar	energía; reservas naturales

¡Ojo! Antes de comenzar:

1. Planear – tus ideas y número de párrafos (X 3 aprox.)

2. Preparar – el vocabulario necesario

   – las estructuras adecuadas

   – conectores

3. Escribir (Apéndice 1 y 2)

AUTO-EVALUACIÓN: CONSOLIDACIÓN DE CONOCIMIENTOS

Expresión personal – reaccionar frente a estos temas:

1. Sin tierra ni olivares ¿qué sería de las ciudades?

2. Nadie sabe lo que vale el agua hasta que falta.

3. El agua debe ser fuente de vida.

4. Estamos a la búsqueda de una nueva visión de un desarrollo sostenible.

5. Estamos inevitablemente abocados a una catástrofe natural muy próxima.

6. Las consecuencias de vivir con polución son muchas.

7. Si queremos ciudades sin humos y más ecológicas tenemos que promocionar y cuidar la bici y a los ciclistas.

8. Necesitamos ciudades más sanas y más verdes.

3 EL CRISOL MULTICULTURAL

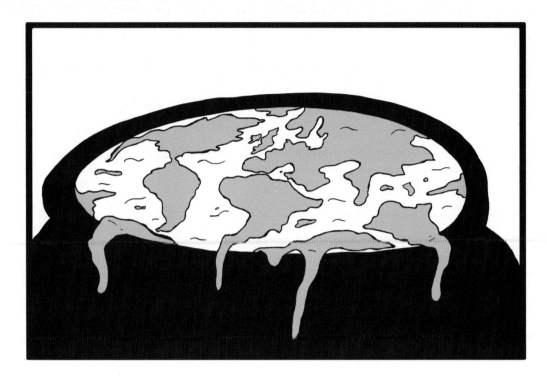

El crisol multicultural

3.1 El multiculturalismo

¿Qué es el multiculturalismo? Es una pregunta complicada.

1. En grupos pequeños, intenta definir estas dos palabras y después formula una definición del multiculturalismo:

Multi	Cultural
• muchos	• comida

(a) ¿Es fácil llegar a una definición completa del multiculturalismo? ¿Por qué?

(b) ¿Tú crees que éste es un país multicultural? Justifica tu respuesta.

(c) Haz una lista de las ventajas y desventajas de vivir en una sociedad multicultural.

(d) ¿Por qué crees que la gente emigra?

(e) ¿Cuál es el origen de los estereotipos?

(f) ¿Cómo podemos evitar la tendencia a estereotipar a la gente?

(g) ¿Qué palabras de esta lista son peyorativas?

Vocabulario útil		
el ciudadano	oprimir	el prejuicio
la cooperación	la inseguridad	las consecuencias
la colaboración	el aislamiento	el racismo
la integración de	la tradición	la tendencia
el movimiento de	los derechos humanos	la defensa de
la identidad	optar por	la convivencia
la desigualdad	tratar de	la tolerancia
la injusticia	cesar de	la ignorancia
la marginación	acoger bien (to welcome)	la falta de (the lack of)
la búsqueda de	trasladar	sobrevivir

2. Lee y responde:

Comprensión del crisol multicultural

Se puede interpretar el multiculturalismo de maneras diferentes. Depende de muchas cosas y de muchos puntos de vista. Lo más obvio es la identificación de aspectos como la comida, la ropa o la música de un grupo o sociedad. Celebramos estas cosas en las fiestas multiculturales que ocurren de vez en cuando.

Otra forma de interpretarlo está basada en nuestro comportamiento, como una reflexión de nuestra cultura: nuestra lengua, el núcleo familiar, opiniones políticas, el lenguaje corporal y nuestro género.

El último factor puede ser lo más importante porque incorpora nuestras creencias y valores. Son los elementos que nos ayudan a entendernos a nosotros mismos: nuestra religión o espiritualidad, nuestras costumbres e ideas. Todas estas cosas nos influyen.

Lo que más me interesa es el hecho de que está aceptado que todos somos diferentes. Este hecho subraya la complejidad social del mundo contemporáneo.

Ser una sociedad multicultural requiere tolerancia hacia las minorías raciales y étnicas, principalmente en lo que se refiere a la vestimenta, el idioma, la comida, las creencias religiosas y otras manifestaciones culturales. ¿Y qué ocurre en realidad?

Aunque aceptamos que somos todos diferentes existen muchos problemas: la xenofobia, la discriminación, el racismo, el clasismo, el sexismo y la homofobia. Todos son fenómenos inconsistentes con los principios de democracia y de igualdad.

El verdadero multiculturalismo es una teoría que consiste en la defensa de la convivencia de varias culturas dentro de una sociedad, donde todos exigen la inclusividad, donde todos incorporan a las personas marginadas y donde todos aceptan y respetan a los demás. Pero esa es sólo mi opinión, fruto de muchos años de experiencia. Te pregunto, lector, ¿crees que la gente entiende realmente lo que supone la multiculturalidad?

Andrés Abudu, estudiante

(a) ¿Cómo se define al multiculturalismo en la primera sección?

(b) ¿En qué consiste la cultura?

(c) ¿Cómo nos entendemos a nosotros mismos?

(d) ¿Cuál es el elemento más importante en una sociedad multicultural?

(e) Identifica los problemas que pueden aparecer en una sociedad multicultural.

(f) Según el autor, ¿cuál es el verdadero multiculturalismo?

(g) Busca en el texto las traducciones de estas palabras/frases:

- melting pot
- which take place
- this fact
- after
- better said

(h) Trabaja en grupos pequeños: Qué países son en esencia multiculturales? ¿Crees que tu país es un crisol de culturas?

3.2 La inmigración

1. Lee el texto siguiente y contesta a las preguntas:

La inmigración: una fuente de enriquecimiento

Ya se sabe que la inmigración significa que una persona entra y se establece en un sitio o lugar no natal. Las razones de este tipo de desplazamiento son varias, desde la búsqueda de una vida mejor o de trabajo hasta la fuga por motivos políticos. Hoy en España, se estima que hay más de 2 millones de inmigrantes. Gran parte de ellos viene de los países sub-saharianos (Marruecos, Algeria y Nigeria). Otros inmigrantes vienen de regiones subdesarrolladas, o en vía de desarrollo como Rumania. La proximidad geográfica les permite entrar ilegalmente, especialmente a través de la Costa del Sol. Normalmente los españoles no tienen problemas con los inmigrantes porque ellos trabajan o estudian y tienen papeles. El problema aparece cuando los inmigrantes no tienen ni papeles ni derecho a trabajar.

Directamente ligada a esta situación se haya la situación económica de los inmigrantes. El problema del paro afecta a un gran porcentaje de inmigrantes ilegales. Hay muchos que viven en lo que se considera pobreza pero hay otros que viven en la carencia más absoluta en barrios o chabolas muy pobres: sin servicios básicos. ¿Podemos imaginar vivir sin agua corriente o sin electricidad?

La gente sabe que los inmigrantes sufren discriminación casi todo el tiempo. El problema empeora cuando un marroquí, por ejemplo, comete un crimen. Entonces la gente cree que todos son criminales o delincuentes. Los actos de delincuencia aumentan el racismo, la tendencia al estereotipo y la discriminación.

Hay que preguntarse: ¿los gobiernos toman medidas efectivas para integrar a los inmigrantes? ¿Los nativos intentan contrarrestar la influencia negativa y las actitudes antisociales y racistas?

La educación es la mejor arma de lucha contra la discriminación. Todos sabemos que la sociedad necesita educación. Es responsabilidad de los padres, los educadores y los gobiernos. En pocas palabras, es responsabilidad de todos. Hay que inculcar una visión más amplia del mundo. Hay que presentar a los inmigrantes como una fuente de enriquecimiento cultural y no como un problema.

(a) Define immigration according to the article.

(b) Why do people decide to immigrate?

(c) When do the problems begin to appear?

(d) What is *el paro*?

(e) What else do immigrants suffer from?

(f) What do acts of delinquency lead to?

(g) What is the role of education in all of this?

(h) Translate the underlined phrases. Keep a note of these and use them in your personal writing exercises.

2. Lee el texto siguiente y contesta a las preguntas:

Un caso particular: Los gitanos

Origen

El Punjab, una región al noroeste de la India. Llegaron a España en 1415. En la Constitución de 1817, se afirmaba que todos los gitanos nacidos en España eran españoles. Bajo el poder de Franco, sufrieron mucho, con la erradicación de casi el 80% de la población gitana.

La lengua

El romaní es una de las lenguas más antiguas con raíces sánscritas. El caló es la lengua común de los gitanos del mundo entero.

Los aspectos sociales

La situación económica: Esta minoría étnica sufre la marginalización y la exclusión de muchos aspectos de la vida social, sobre todo del mercado laboral. Trabajan de músicos, adivinos, o se dedican a trabajos manuales. También ganan dinero elaborando artesanía, tocando música y bailando en las calles. La verdad es que hacen una vida muy básica sin acceso a los mismos lujos que el resto de los españoles.

La situación residencial: Muchos gitanos viven en la pobreza. La mayoría se encuentran en barrios en las afueras de las ciudades, a menudo en chabolas y en asentamientos segregados. Se dice que no quieren integrarse con los demás. La ironía es que la mayoría no pueden integrarse a causa de motivos económicos.

La discriminación: Desde hace mucho tiempo la población gitana ha sufrido mucho y de forma cotidiana la discriminación y los prejuicios. Se ve excluida de numerosos aspectos de la vida comunitaria, ya que se le niega el acceso al trabajo y a la educación. Las mujeres sufren la triple desventaja de ser mujeres, gitanas y pobres. Hay muchos ciudadanos que afirman que la comunidad de gitanos no forma parte de la sociedad española y que no quieren ser integrados. Además, se relacionan con el mundo de las drogas y de la delincuencia. Desgraciadamente, es por ahí donde se crean los prejuicios que llevan a los gitanos a la marginalidad, prejuicios fomentados por la prensa.

Los cambios

Hay que hacer un esfuerzo para integrar más a la población gitana. Podría incorporarse la cultura romaní en los contenidos curriculares de los programas educativos, con la inclusión en los libros escolares de elementos históricos y sociales de la comunidad gitana. Hace falta erradicar el chabolismo. Hacer todo esto con el objetivo de eliminar los prejuicios y los estereotipos, ayudará a la convivencia entre todos los ciudadanos.

(a) Outline the main points of the article.

(b) Do *los gitanos* form part of your society?

(c) Escribe un párrafo sobre cómo se les trata en tu país.

3. Reacciona frente a estas opiniones: ¿Estás de acuerdo? Elige una, con la qué no estés de acuerdo y explica el porqué.

«Viva la libertad, la democracia y mi país.»

«Es cierto que hay racismo en nuestra sociedad.»

«¡La intolerancia debe eliminarse!»

«¡Hay que decir NO a la discriminación y al racismo!»

«Aunque es cierto que hay actos de discriminación y que debe terminarse con esto, creo que se ha dado una imagen racista de nuestra sociedad que no corresponde a la realidad.»

«Preocúpense menos del supuesto racismo y más de respetar a sus vecinos y con ciudadanos.»

«Los fascistas se aprovechan del racismo para intentar intoxicarnos de odio.»

«He oído varias veces que la delincuencia es por culpa de los inmigrantes.»

«Hay que aclarar que no es un problema de racismo, sino de intolerancia.»

«Vivimos en un barrio de inmigrantes, no sólo sudamericanos sino también marroquíes o africanos, yo mismo soy inmigrante, soy de Guadalajara.»

«La verdad es que se trata de un problema de falta de educación y de delincuencia.»

3.3 La exclusión

¿Cómo definir la exclusión? Intenta dar una definición individualmente o en grupos.

La exclusión es: _____

_____

_____

_____

_____

_____

1. Lee el texto siguiente y contesta a las preguntas:

Un problema social endémico: La exclusión

Hoy día la exclusión existe por todas partes, desde las pequeñas viviendas hasta los rascacielos de las ciudades grandes. Desgraciadamente es un estado que afecta de una manera u otra a casi toda la población. No hace falta ser inmigrante o gitano. Sin darnos cuenta excluimos a los demás o nos sentimos excluidos por nuestras diferencias.

Los grupos de exclusión cambian con el tiempo. A lo largo de la historia, han sido excluidos socialmente los judíos, los zurdos, los enfermos mentales, los gitanos, los actores o los portadores del virus del SIDA. La homosexualidad o el consumo de drogas se han rechazado o dignificado según las distintas culturas. Se dice que hoy en día la principal causa de exclusión mundial es, sencillamente, la pobreza.

La falta de interés por la educación que reciben los niños de los barrios marginales asegura una tasa de exclusión para el futuro. Fenómenos como el paro, la precariedad laboral o la reducción del estado de bienestar hacen aumentar el porcentaje de excluidos.

Las nuevas estructuras sociales crean grupos de exclusión que antes se consideraban impensables. El «abuelo», que hasta hace poco era una figura fundamental en la mayoría de los hogares, se enfrenta a una de las exclusiones más sutiles: la soledad.

Si la sociedad no favorece al débil, lo excluye. Somos todos culpables.

(a) Who are the *excluidos*, according to the article? (Párrafo 1)

(b) List those affected according to the second paragraph.

(c) What factors increase the number of *excluidos*?

(d) What has happened to *el abuelo*?

(e) Who is to blame?

(f) Termina estas frases con tus propias palabras:

- Hasta hace poco...
- La falta de...
- Se dice que...
- Desgraciadamente...
- No hace falta...

(g) Traduce estas palabras:

- culpable
- barrios
- no favorece
- la precariedad

(h) ¿Estás de acuerdo con el autor? Anota tu opinión en tu cuaderno (50–85 palabras).

Frases útiles

El excluido es:

• el inmigrante

• el drogadicto

• la mujer maltratada

• el sin hogar

• el abuelo que no entiende una receta y no tiene quién se la explique

• el enfermo sin una visita desde hace meses

• el homosexual si debe callarse lo que siente

• el minusválido delante de una escalera

• es aquel al que la sociedad le da la espalda

Opiniones generales:

• La exclusión social supone negar a la persona el derecho a ser persona.

• Los excluidos son invisibles.

• La imagen de la exclusión social más evidente es quizás la de las personas que viven en la calle.

Práctica más profunda

• ¿La exclusión social existe en nuestra sociedad?

• ¿Quiénes son los excluidos?

• ¿Has excluido a alguna persona una vez?

• ¿Te sientes excluido(a)? ¿Por qué?

• ¿Por qué la sociedad excluye?

• ¿Cómo podemos enfrentarnos a la exclusión?

¡Ojo!

Antes de comenzar:

1. Planear – tus ideas y número de párrafos (X 3 aprox.)

2. Preparar – el vocabulario necesario

   – las estructuras adecuadas

   – conectores

3. Escribir (Apéndice 1 y 2)

AUTO-EVALUACIÓN: CONSOLIDACIÓN DE CONOCIMIENTOS

Expresión personal – reaccionar frente a estos temas:

1. Vivimos en un universo que es ciego a las elecciones morales.

2. Somos los jueces finales de cómo viviremos.

3. Mucha gente se está sumando al alarmismo asegurando que no puede bajar a la calle porque tienen miedo.

4. Hay gente que en la falta de educación ven racismo e intolerancia.

5. ¡NO AL RACISMO ! ¡SI A LA TOLERANCIA!

6. ¿La comprensión del crisol multicultural realmente existe hoy?

7. El multiculturalismo: la resaca del colonialismo.

8. ¿Por qué debemos aceptar a los inmigrantes? Ellos son los que deben aceptar nuestra cultura y sociedad si quieren vivir en este país.

9. Nadie es excluido por lo que es, sino por el trato que recibe de los demás.

10. Los excluidos no eligen serlo.

4 LOS MEDIOS DE COMUNICACIÓN

¿Qué hay en el dibujo?

4.1 Los mensajes SMS y el móvil

1. Lee el artículo:

Jóvenes adictos a Internet y los móviles

Colgados del teléfono móvil o Internet, enganchados a los chats o al messenger...

1. Hasta el 12 por ciento de los adolescentes de nuestro país abusan del móvil o de Internet, aunque no se sabe cuántos de ellos terminarán convirtiéndose en casos patológicos. Así se ha puesto de manifiesto durante la reciente celebración del Segundo Simposio Internacional Multidisciplinar sobre el Trastorno por Déficit de Atención y Trastornos de la Conducta, un foro organizado por CONFIAS (Fundación para una Infancia y Adolescencia Saludables) y el Hospital Ramón y Cajal de Madrid.

2. En este sentido, el doctor Javier San Sebastián, Jefe de Psiquiatría del Hospital Universitario Ramón y Cajal de Madrid, advierte de que aunque este 12 por ciento es una cifra aproximada, «sí <u>hay un nivel de adicción a Internet</u> y al uso de videojuegos o a la utilización de la telefonía móvil cada vez mayor y en algunos casos preocupante en la medida en la que produce problemas en la vida del niño: <u>le hace perder habilidades sociales</u> con lo cual <u>le aísla de su grupo de iguales</u> a una edad en la que lo más importante es que el chico se relacione y esté con amigos; le hace perder actividad motora, etc.»

3. «<u>Otra adicción muy concreta</u> es la televisión y el chico que debería estar moviéndose y desarrollando su motricidad está tumbado viendo la televisión o sentado frente al ordenador», recuerda este experto. Esta conducta, como las anteriores, «se suele acompañar de <u>fracaso escolar</u> porque todo el tiempo que se está empleando en esto se está perdiendo para hacer otras cosas como estudiar y formarse».

4. <u>El papel de la familia</u> es fundamental para los tratamientos en todos los tipos de adicciones. «Es lo mismo que si tiene (...) un adicto a una droga, <u>lo que hay que hacer es</u> mantenerle apartado de la actividad y en el caso de los ordenadores, móviles, Internet no considero que sea una cosa tan complicada», comenta.

Lo que pasa es que algunos padres <u>tienen que</u> acostumbrarse a decir que no, <u>tienen que</u> acostumbrarse a limitar las actuaciones de sus hijos para no dejarlos incurrir en conductas peligrosas. «<u>Y hoy día</u> los padres son padres muy «light»: lo permiten todo y están en consonancia con lo que se entiende por políticamente correcto y con el todo es lícito y todo está bien hecho cuando no es así», lamenta el Dr. San Sebastián. «Para controlar una adicción lo más importante es, sin duda, la actitud de los padres», concluye.

MedicinaTV.com

Párrafo I

    (a) ¿A qué se refiere la estadística?

    (b) ¿Cuáles son las dos organizaciones que han iniciado el foro?

Párrafo 2

    (c) ¿A qué se dedica Javier San Sebastián?

    (d) ¿Qué problemas pueden ocurrir según su opinión?

Párrafo 3

    (e) ¿Qué se debería hacer para desarrollar la motricidad del chico?

    (f) Para evitar el fracaso escolar ¿qué se recomienda?

Párrafo 4

    (g) ¿Qué se aconseja a los padres?

    (h) Según el doctor, ¿cuál es la forma más importante de controlar una adición?

    (i) Write full sentences using the underlined expressions.

2. Trabajo en grupos:

    (a) Lee en voz alta las opiniones siguientes.

    (b) ¿Con cuáles de estas frases estás de acuerdo?

Los jóvenes y la telefonía móvil

- La telefonía móvil no constituye una nueva moda, sino una nueva adicción.

- Constantemente comprobamos si tenemos alguna llamada perdida o algún mensaje en el buzón de voz.

- Tener un móvil se ha convertido en una necesidad. Creo que no podría vivir sin teléfono móvil.

- Los análisis muestran que existe relación entre el uso intensivo de los teléfonos móviles y algunas formas de cáncer.

- Tener un teléfono móvil puede ser muy caro. Gasto gran parte de mi dinero en comprar crédito para mi móvil.

- Los móviles son el mejor ejemplo de la sociedad de consumo que crece día a día, creando nuevas dependencias psicológicas.

> ¡Ojo! Mobile phone = teléfono móvil (España)
>
>   = celular (América Latina)

    (c) Empareja las expresiones de las dos columnas y escribe frases completas en tu cuaderno:

(a) Los niños y los adolescentes	(1) los adoran.
(b) Tener un móvil	(2) que pueden causar cáncer.
(c) Esta adicción destruye	(3) tener un teléfono móvil.
(d) Se sabe que los teléfonos celulares emiten radiaciones	(4) es muy útil.
(e) La influencia del móvil es tal que el adolescente	(5) la calidad de vida de los adolescentes.
(f) Los móviles	(6) no puedo perderlo de vista ni cinco minutos.

(g) A mí me resulta muy útil

(h) Se dice que la calidad de nuestra vida

(i) El bienestar de la gente

(j) Todo el mundo habla del fenómeno «Móvil manía»

(k) Es algo normal ver a los jóvenes con sus móviles

(7) cuestan mucho dinero.

(8) depende de esta maldición.

(9) en sus manos, pulsando los botones todo el tiempo.

(10) que ahora existe en todos los países desarrollados.

(11) está en peligro.

El olvido y desdén del lenguaje

3. Lee el artículo y haz los ejercicios:

1. Hace poco tiempo asistimos a la presentación del Diccionario SMS que ha elaborado la Asociación de Usuarios de Internet, en colaboración con Amena, Movistar, Vodafone, MSN y LLeida.net. Se trata de una iniciativa destinada a las celebraciones del Día de Internet, el próximo 25 de octubre 2005. El diccionario es una recopilación de los términos que se usan en los miles de mensajes de móviles o a través de Internet que los usuarios envían cada día.

2. Si cada minuto y medio se envían un millón de SMS en todo el planeta, asistimos a la creación de una lengua nueva, con sus propios registros, ahora cifrados en un sólo código. El diccionario no ha recibido, en general, más que parabienes, pero nosotros pensamos que detrás del asunto late algo grave y preocupante para cualquier sociedad: el olvido y desdén del lenguaje.

3. Porque hay millones de personas capaces de expresarse en lenguaje SMS cuando hace falta, o cuando quieren; sin embargo, conocen la gramática y la ortografía. Simplemente digamos que con el móvil o la Red cambian de idioma, como quien pasa de escribir en castellano a hacerlo en alemán.

4. Pero hay otros millones de usuarios, los jóvenes – no todos, naturalmente, pero sí un porcentaje lo suficientemente preocupante para justificar este artículo – que no saben ni hablar ni escribir correctamente. Que cometen faltas de ortografía sonrojantes, y en la universidad, aunque el mal llegue de mucho más atrás. Nos preguntamos cómo es posible que un alumno alcance los estudios superiores ignorando las reglas lingüísticas más básicas.

5. Las casi dos horas diarias que pasan los jóvenes escribiendo SMS o utilizando mensajería instantánea han dado lugar a frases más sencillas, errores ortográficos, ausencia de puntuación o un vocabulario más simple. Instrumentos de comunicación como el correo electrónico minusvaloran el cuidado del estilo para dar mayor protagonismo a la inmediatez.

No se trata, en fin, de rechazar frontalmente este trabajo. Una lengua es algo vivo, dinámico. Pertenece a quienes la hablan, y éstos pueden modificarla. Pero urge potenciar la formación lingüística de los más jóvenes porque en ellos nos va el futuro.

Juan Corredor, www.baquia.com.

(a) Read the text and find the phrases that contain the following expressions:

- cada minuto y medio se envían
- se trata de una iniciativa
- cuando hace falta, o…
- con el móvil o la Red
- cometen faltas de
- errores ortográficos
- ausencia de
- instrumentos de comunicación
- una lengua es
- pertenece a

(b) Translate the underlined vocabulary and, in pairs, use these phrases to make full sentences.

(c) In class, debate the use of mobile phones.

4. ¿De qué edad son las personas que han hecho las afirmaciones siguientes? ¿A qué crees que se dedican? ¿Cómo lo sabes?

Los problemas de los adolescentes con el lenguaje

«Lo que ocurre con los textos de los mensajes del móvil es que se usa un registro propio, igual que usamos distintos registros cuando escribimos una carta formal o una carta a nuestras abuelas, o cuando tomamos apuntes o cuando escribimos un ensayo. Lo que ocurre es que hay que saber cambiar de registro, al hablar y al escribir.» *Paco*

«Veo con cierto «horror» a mis hijos escribir los SMS o en el Messenger con un lenguaje incompresible y lleno de faltas de ortografía y me llevo las manos a la cabeza.» *Nuria*

«Tienen que entender a los jóvenes…. Así es la moda: decir palabras abreviadas o decir las cosas con otras letras. Es parte de la nueva generación. Pero ya entrando en el tema del lenguaje de los mensajes, no cabe duda de que es un gran problema…». *Sebastian*

«La lengua es un instrumento del ser humano y no al revés. La lengua se acomoda a nuestras necesidades y así será hasta el fin de la historia y nadie podrá cambiar esta evolución.» *Pilar*

«No entiendo la gran importancia que se le da a la gramática. Escribir en modo sms es más fácil y rápido y desde luego comprensible.» *Javier*

¿Estás de acuerdo con las afirmaciones siguientes? ¿Qué opinas?

(a) Los perezosos son aquellos que recurren a las abreviaturas, en vez de escribir correctamente.

(b) Hay que combatir el lenguaje SMS, este gran enemigo de la pureza del idioma.

(c) En la actualidad no solamente nos enfrentamos con la invasión de términos provenientes del inglés sino que también nos tenemos que enfrentar con el lenguaje SMS.

(d) Todo vivimos en un mundo donde las cosas cambian rápidamente y las lenguas no son ningún caso aparte.

(e) Hay que tener en cuenta que este tipo de escritura no debe utilizarse fuera del chat porque estaríamos contribuyendo a destruir nuestra cultura.

(f) El Messenger destruye la cultura.

4.2 Los medios de comunicación y la globalización

La radio y la televisión

1. Trabajo en parejas. Prepara las respuestas a estas preguntas con la ayuda del vocabulario. Luego, pregunta a tu compañero/a:

- ¿Cuál es el papel de la televisión en tu vida?
- ¿Cuántas horas ves a la tele diariamente?
- ¿Cuáles son tus programas preferidos?
- ¿Cuándo escuchas la radio?
- ¿Qué prefieres: la radio o la tele?
- ¿Podrías vivir sin ver la tele? ¿Por qué?

2. En parejas, haz una lista de las ventajas y otra de las desventajas de la televisión. Luego haz una presentación de un minuto sobre el tema.

Vocabulario: La radio y la televisión

la era multimedia	age of multimedia	la emisión de radio	radio show
la cadena	channel	la cadena de radio	radio channel
la emisión deportiva	sports programme	el invitado	guest
las noticias	news	el intermedio	ad break
la pantalla	screen	la televisión interactiva	interactive TV
la película	movie	la libertad de expresión	freedom of expression
la red	network/Internet	el programa de tertulia	chat show
la serie televisiva	television series		
las telenovelas	soaps		
la presentadora	broadcaster		

3. ¿Estás de acuerdo con las opiniones siguientes? Apunta *Sí* o *No*.

Los medios de comunicación

«Estamos sufriendo en nuestras propias carnes la manipulación de los medios de comunicación. Es increíble lo que pueden llegar a hacer.»

«Estoy indignado porque la gente, y en especial los medios de comunicación, están dando dar una imagen distorsionada de la realidad que yo personalmente no veo.»

«Los medios de comunicación y, concretamente la televisión, sólo saben vender miedo y generar pánico social a partir de un hecho aislado.»

«A veces no sé quiénes son los verdaderos mentirosos. El poder ideológico de la prensa es increíble.»

«Consideramos que los medios de comunicación deberían tener más cuidado con la redacción de las noticias diarias. No están ni representando, ni dando voz a la opinión de gente.»

«Los periodistas deberían anteponer un cierto rigor informativo en cuanto a las fuentes y mostrar una información equilibrada. Personalmente, no me puedo creer lo que se ha dicho en los periódicos esta semana.»

4. Escribe tu propia opinión sobre el tema y, para ayudarte, utiliza algunas de las expresiones dadas:

- <u>Desafortunadamente, constato de nuevo</u> de qué manera tan desgraciada se construyen las imágenes en los medios de comunicación. <u>Están distorsionando</u> la realidad y desinformando a la gente.

- Los medios <u>tienen gran parte de culpa de</u> los males que ocurren en nuestra sociedad.

- <u>La libertad de expresión</u> no consiste en decir lo que uno quiera y como quiera.

- Hoy en día, para vender más periódicos todo vale.

- Los medios de comunicación están dando <u>una imagen errónea de la realidad</u> que yo personalmente no veo. Por ejemplo, <u>la prensa escrita</u> sólo sabe vender miedo y generar pánico social a partir de <u>un hecho aislado</u>.

5. Rellena los huecos:

sucumbimos, cada vez, nos, mundo, como, quizá, desarrollo, esta, fuera, barata

La imagen de la pantalla atrapa. Así _____ los insectos caen en la luz que los atrae, nosotros _____ a las pantallas vendedoras de un _____ irreal. ¿Por qué _____ gusta destinar tanto tiempo a la «recreación» _____ que nos ofrecen las pantallas? Las nuevas tecnologías, _____ en mayor medida, no son un instrumento necesario para ayudar al _____ humano. Al contrario. Tenemos que preguntarnos : ¿quién se beneficia de _____ situación? ¿Es «mala» esta tendencia? ¿Peligrosa _____? Si así _____ : ¿por qué se produce?

6. Lee este texto y escribe en tu cuaderno cinco frases que te parezcan interesantes. Compara tus frases con las de tu compañero/a.

¿Quién ha dicho que la globalización no es una cosa buena?

A pesar de todo, la globalización, tiene sus aspectos positivos. Gracias a la globalización se ha podido extender la literatura en lengua hispana por todo el mundo.

Los lingüistas saben que las lenguas son organismos vivos que evolucionan, se enriquecen, a veces chocan y, en no pocas ocasiones, mueren. ¿Qué pasó con el latín por ejemplo? Este ejemplo muestra que a lo largo de la historia de la humanidad han existido miles de lenguas y literaturas, pero la mayor parte se han extinguido o se encuentran en proceso de extinción. Pero este problema no es un problema del pasado, porque hoy día se estima que entre el 50 y el 90% de las lenguas del mundo se perderán a finales de este siglo.

Afortunadamente, esta extinción no afectará al español, hablado por 350 millones de personas en 24 países diferentes, pero alerta del peligro de perder las peculiaridades de cada región lingüística como consecuencia de la globalización.

Por consecuencia, y probablemente como precaución, La Real Academia pone el acento en denunciar y frenar el deterioro del idioma en los terrenos más dañados: la enseñanza y los medios de comunicación. Los organismos públicos y los medios deben aceptar su parte de responsabilidad en la calidad y corrección del lenguaje, porque una cosa es la evolución y el uso hablado de una lengua y otra muy distinta su empobrecimiento.

(a) Haz frases completas con las expresiones siguientes:

- A pesar de todo…

- Las lenguas son…

- Este ejemplo muestra que…

- …se encuentran en proceso de…

- …no es un problema del pasado.

- …se estima que…

- …alerta del peligro de…

- …pone el acento en denunciar…

- …deben aceptar su parte de responsabilidad.

(b) Elige una de las afirmaciones dadas y escribe en 50–80 palabras tu opinión.

  (i) Nuestra lengua es la suma de todas las maneras de hablarlo. Su existencia reside en el uso que los hablantes hacen de esta lengua.

  (ii) Es muy importante tomar conciencia del valioso patrimonio que constituye nuestro idioma.

(iii) La lengua es un bien común que posibilita la educación, la comunicación, la negociación y toda relación humana en la que se hace puente la palabra.

(iv) La muerte de una lengua es la muerte de una cultura.

(v) ¡Hay que luchar contra la globalización del inglés!

4.3 La publicidad

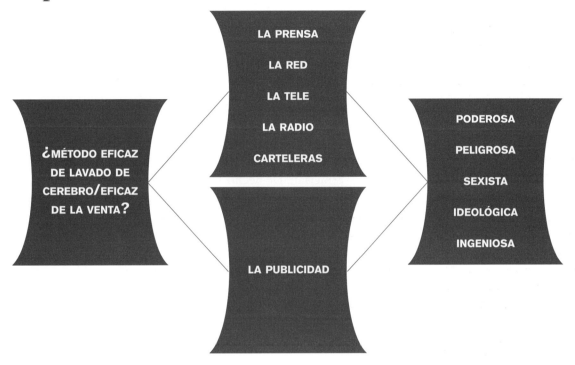

1. Lee el texto siguiente y haz los ejercicios:

La publicidad: ¿Informa o engaña?

En la conciencia de mucha gente un producto no existe si no se anuncia en televisión o en las vallas de las paradas de autobús. Pero, ¿cuánto hay de verdad en los anuncios? Según la Ley de Publicidad de 1988 se consideran fraudulentas o engañosas las campañas que inducen de forma voluntaria a error o aquéllas que silencian datos fundamentales para el consumidor. Cada vez que vemos la tele somos bombardeados por campañas publicitarias. Cada diez minutos estamos obligados a asistir a un verdadero circo del consumismo. La verdad es que a veces vemos estos anuncios con la boca abierta impresionados por las imágenes ingeniosas que acaparan la atención del telespectador dentro un mundo irreal.

Es en tales momentos cuando, sin darnos cuenta, sufrimos en nuestras propias carnes los efectos del fenómeno que llamamos *lavado de cerebro*.

(a) Lee el texto a voz alta en clase y luego traduce al inglés.

(b) Completa las frases siguientes con tus propias palabras:

- en las vallas de las paradas de autobús
- las campañas inducen a
- cada diez minutos
- la verdad es que
- un lavado de cerebro

(c) ¿Cuál es la idea central de este texto?

2. Busca en el texto siguiente unas frases con las cuales estás de acuerdo y apúntalas en tu cuaderno.

Todo el mundo sabe que la publicidad tiene una influencia real y peligrosa para los jóvenes. Todos los días, en todos los países, los adolescentes ven anuncios de bebidas alcohólicas. Es un tema de actualidad que preocupa mucho. Los anunciantes utilizan recursos que resultan muy atractivos para los jóvenes. Están hechos con humor, con animales, con gente joven... En cambio, si sólo destacaran la calidad de sus ingredientes o la historia de la marca, no les atraerían. De hecho esos efectos han sido comprobados y muestran claramente la reacción de los jóvenes a la publicidad ¡Esto está claro! La publicidad de bebidas debería ser menos atractiva.

3. Ahora escribe tu propia opinión sobre el tema. El vocabulario y las expresiones dadas te ayudarán.

Vocabulario: La publicidad y la prensa

la prensa	press	el periódico	newspaper
el periodismo	journalism	el artículo de actualidad	current affairs article
la columna	column		
la crónica de sociedad	gossip column	el periodista	journalist
la errata	misprint	el reportaje	report
la libertad de prensa	freedom of the press	el diario X	newspaper X
la revista	magazine	el editorial	editorial, leading article
la sección deportiva	sports section	la noticia	news
la revista del corazón	glossy magazine	la prensa sensacionalista	sensationalist journalism
la ley	law		
la opinión publica/ política	public/political opinion	la campaña publicitaria	advertising campaign
leer	to read	propagar	to spread/propagate
comentar	to comment	emitir	to broadcast
debatir	to debate	censurar	to censor
presentar	to present	incitar	to incite/provoke
informar	to inform	persuadir	to persuade
promocionar	to promote	influenciar	to influence
convencer	to convince	patrocinar	to sponsor

4. Une las expresiones de las dos columnas:

(a)	salir en la prensa	(1)	to increase sales
(b)	transmitir en directo	(2)	to hate sensationalist media
(c)	tener una suscripción	(3)	to live in a consumerist society
(d)	incrementar las ventas	(4)	to be front page news/in the headlines
(e)	tener libertad de expresión	(5)	to be a topic of current affairs
(f)	ser un artículo sensacionalista	(6)	to have public power
(g)	odiar la prensa sensacionalista	(7)	to broadcast live
(h)	ser noticia de primera plana	(8)	to have an effect on someone
(i)	tener poder público	(9)	to be a sensationalist article
(j)	ser poderoso	(10)	to allow oneself be manipulated by
(k)	tener un efecto en alguien	(11)	to have freedom of expression
(l)	vivir en la sociedad de consumo	(12)	to be powerful
(m)	ser perjudicial para la gente	(13)	to get on the news
(n)	dejarse manipular por	(14)	to have a subscription
(o)	ser un tema de actualidad	(15)	to be harmful to people

¡Ojo!   Antes de comenzar:

1. Planear – tus ideas y número de párrafos (X 3 aprox.)

2. Preparar – el vocabulario necesario

    – las estructuras adecuadas

    – conectores

3. Escribir (Apéndice 1 y 2)

AUTO-EVALUACIÓN: CONSOLIDACIÓN DE CONOCIMIENTOS

- Los móviles tienen muchas ventajas pero también destruyen nuestra propia lengua.

- Ten cuidado y no creas todo lo que diga la prensa.

- No sé quién, ni cuándo, ni cómo, ni porqué pero algunos mal llamados periodistas y algunas personas intenta sembrar la crispación y el odio, inventando un problema que no existe y sin les importe las consecuencias.

- Gracias a la tecnología los jóvenes han cobrado mayor conciencia de cuestiones sociales, problemas y crisis de otras partes del mundo.

- La libertad de expresión no consiste en decir lo que uno quiera y como quiera.

- La publicidad de bebidas debería ser menos atractiva.

- Un idioma extranjero es una vía para aprender otras maneras de ver el mundo.

- El conocimiento del español permite comunicarse con personas en muchos países del mundo.

5 LA SALUD

- Haz una lista del vocabulario que se necesita para describir el contenido del dibujo.

- ¿Qué puedes ver en el dibujo?

5.1 La dieta y la vida sana

Vocabulario: La dieta			
las frutas	fruit	el almuerzo	lunch
las legumbres	pulses	el desayuno	breakfast
las verduras	vegetables	el pescado	fish
las tapas/una tapa	snacks/a snack	el marisco	shellfish
la comida basura	junk-food	el pavo	turkey
la dieta equilibrada	balanced diet	el peso	weight
la dieta mediterránea	Mediterranean diet	el plato principal	main dish
la cocina casera	home cooking	el postre	dessert
la grasa vegetal	vegetable fat	el restaurante de comida rápida	fast-food restaurant
la grasa animal	animal fat		
la obesidad	obesity	el alimento precocinado	precooked meal
la medicina	medicine	los alimentos dietéticos/ orgánicos	diet/organic produce
la lista de espera	waiting list		
la estancia hospitalaria	hospital stay	el colorante artificial	artificial colouring
el peligro	danger	la alimentación dietética	diet food

1. Empareja las expresiones de las dos columnas y haz frases completas con las expresiones dadas. Escríbelas en tu cuaderno.

mantenerse en forma •	• to eat vegetables rich in fibre
comer bien •	• to be obsessed with losing weight
engordar •	• to eat a balanced diet
estar a dieta •	• to train oneself
perder peso/adelgazar •	• to cut down on fats
beber •	• to weigh too much
estar en forma •	• to keep in shape/keep fit
entrenarse •	• to lead a healthy life
correr •	• to nibble between meals
comer verduras ricas en fibra •	• to be on a diet
pesar demasiado •	• to eat well
estar obsesionado por adelgazar •	• to watch one's figure
llevar una vida sana •	• to put on weight
disminuir el consumo de grasas •	• to drink
picar entre comidas •	• to be in a good shape/to be fit
llevar una dieta equilibrada •	• to lose weight
cuidarse la línea •	• to run

2. Lee y responde a las preguntas:

La influencia que la comida tiene en la salud

1. Según muchos investigadores, existe una conexión directa entre lo que se come y la salud. Se ha demostrado que uno puede literalmente «alimentar» unos huesos doloridos con lo que ellos necesitan para mejorar, moverse más libremente y con menos molestias. También se sabe que ciertos nutrientes eliminan el malestar, reconstruyen articulaciones deterioradas y restauran la libertad de movimientos.

2. El problema es que los productos químicos que ofrece la industria farmacéutica ayudan en algunos casos, pero perjudican el sistema digestivo. A medida que envejecemos, nuestro sistema digestivo se hace más lento y esos medicamentos suelen crear más problemas que soluciones.

3. Los médicos también han reconocido la relación de la intolerancia ante los lácteos con el asma y las alergias, y la de los conservantes que llevan muchos alimentos y medicamentos con problemas articulares. Además, comer o beber algún producto contaminado con salmonella u otras bacterias hace que el sistema inmunológico ataque a las articulaciones.

4. El sobrepeso es otro problema que ataca directamente a las articulaciones. Cuanta más presión se ejerce sobre éstas, más se dañan. Se dice que incluso un sobrepeso de apenas 5kg estresa las articulaciones. Una razón suficiente para iniciar una dieta adecuada.

www.webdehogar.com

(a) ¿Cuál es el sentido del verbo «alimentar» en el primer párrafo?

(b) ¿Qué significan las expresiones subrayadas?

(c) En el segundo párrafo, busca una frase española que signifique «son útiles a veces».

(d) Traduce al español el tercer párrafo en tu cuaderno con la ayuda de tu compañero/a o la de tu diccionario.

(e) Busca antónimos para estas palabras en la lista de abajo:

- empeorar
- la enfermedad
- el bienestar
- la opresión
- rápido
- es beneficioso

(f) Busca sinónimos para las palabras siguientes:

- algunos
- es un hecho bien conocido que
- pone presión sobre

3. Lee este texto:

¡Eres lo que comes!

Para llevar una vida sana y para desarrollar y mantener el organismo en buenas condiciones de salud necesitamos seis grupos de alimentos básicos.

Los seis grupos son: agua, proteínas, grasas, hidratos de carbono, vitaminas y minerales. Aunque todos ellos se encuentran en la mayoría de los alimentos naturales que se consumen normalmente, su proporción es desigual y ningún alimento los posee todos.

Todo el mundo sabe que los aceites sólo contienen grasas y que los huevos tienen el mayor contenido de proteínas.

De todo esto se puede deducir que para mantener una dieta equilibrada es necesario combinar los productos alimentarios según los nutrientes que contengan de la mejor forma posible.

(1) _____:

Un hecho bien conocido es que tiene una gran importancia. Sin esto, una persona no podría sobrevivir. Eso se debe al hecho de que el cuerpo humano está formado por un alto porcentaje de líquido, entre el 60% y 65% en un adulto. Tiene una doble función en el organismo: ayuda a eliminar las toxinas y regula la temperatura del cuerpo.

(2) _____:

Tienen gran importancia en el desarrollo del cuerpo humano. Es por eso que son tan recomendables durante el embarazo y el crecimiento de los niños. Además, son las encargadas de producir la regeneración del cabello y de las uñas.

(3) _____:

Nos dan reserva energética. Sabemos que las calorías de una dieta deficitaria no son suficientes y por eso, nuestro cuerpo se sirve de ellas para obtener la energía. Además, actúan como protectoras del cuerpo cuando las temperaturas son bajas. La ausencia de este grupo alimentario en la dieta diaria, puede provocar serios problemas de salud.

(4) _____:

Son fundamentales para desarrollar normalmente las actividades cotidianas. Quienes llevan una vida muy agitada o se dedican a la práctica de deportes, o a las actividades de gran consumo energético, tienen que optar por dietas con un alto contenido de hidratos de carbono.

(5) _____:

Tienen una función muy importante en cuanto se refiere a las enzimas y las hormonas. En general, contribuyen al mejor funcionamiento de todo el organismo.

(a) ¿Qué grupo alimentario corresponde a estos párrafos?

- las vitaminas y los minerales
- las proteínas
- el agua
- los hidratos de carbono
- las grasas

5.2 La obesidad

I. Lee este artículo y contesta a las preguntas:

La obesidad es un problema

1. El número de niños con problemas de sobrepeso crece a un ritmo vertiginoso en Europa. Cada año se diagnostican 400.000 nuevos casos en niños menores de once años. El sedentarismo y los malos hábitos de vida y de alimentación son las principales causas de una enfermedad que acarrea problemas cardiovasculares. La cifra total de niños con este problema en la Unión Europea asciende a 14 millones. En España, a la cabeza de la lista junto a Italia y Portugal, el 34% de los niños de entre siete y once años pesa más de lo que debería. Todos estos datos, recogidos en un informe de la Comisión Europea, advierten que la obesidad se ha convertido en un problema que consume el 7% de los gastos sanitarios de la UE.

2. En los niños obesos aumenta la incidencia de la diabetes tipo 2, hipertensión y alteraciones de los lípidos (aumento del colesterol y los triglicéridos). La obesidad infantil aumenta el riesgo de obesidad en la edad adulta. El 75% de los adolescentes obesos lo serán de adultos y esta enfermedad es un factor de riesgo enfermedades cardiovasculares. De los 14 millones de niños con sobrepeso que hay en la UE, al menos tres millones son obesos. La primera causa del elevado número de casos del sobrepeso es el sedentarismo: mientras la tasa de obesidad infantil ha crecido entre un 8% y un 10%, el tiempo dedicado a la actividad física entre los menores europeos se ha reducido entre un 10% o un 15%. Los niños pasan más horas frente al televisor, la pantalla del ordenador y las videoconsolas.

3. La segunda causa de la obesidad infantil es una dieta pobre en nutrientes y alta en grasas y azúcares. Según datos publicados por la Universidad de Oxford, el 30% de los enfermos de cáncer en Europa tienen problemas relacionados con la dieta. Otros estudios sitúan entre un tercio y un quinto los cánceres motivados por una alimentación inadecuada. El sobrepeso y la obesidad se perfilan como las epidemias del sigo XXI en los países ricos. La lucha contra esta enfermedad no pasa sólo por la promoción de estados de vida saludables, sino también, por reducir las desigualdades sociales. Esta enfermedad podría tener su origen en el consumismo salvaje de la sociedad occidental. Como dice la Comisión Europea en su informe, la elección de la comida viene determinada por las preferencias individuales, así como por la posición social, los ingresos y la educación, que son determinantes en relación con la dieta y la actividad física.

4. Para afrontar la situación, la Comisión Europea aconseja una alimentación adecuada, hacer al menos media hora de ejercicio al día y llevar un estilo de vida saludable. A pesar de estas recomendaciones, una encuesta del Eurobarómetro en 2003 refleja que el 60% de los europeos no realiza ningún tipo de actividad física en toda la semana.

Alberto Sierra, Solidarios, www.ucm.es

Párrafo 1

(a) ¿Cuántos casos de obesidad se diagnostican cada año?

(b) ¿A qué grupo de la población se refiere esta estadística?

(c) ¿Cuáles son las causas principales de obesidad?

Párrafo 2

(d) ¿Qué riesgos aumentan en los niños afectados por la obesidad?

(e) ¿Cuántos niños sufren en la UE de esta enfermedad?

Párrafo 3

(f) ¿Qué tipo de dieta lleva a la obesidad infantil?

(g) ¿Qué factores influyen en la selección de la comida?

(h) En tu opinión, ¿qué tenemos que hacer para luchar contra la obesidad? Escribe tu respuesta en tu cuaderno.

2. Identifica la pregunta apropiada para cada una de estas respuestas:

(a) Aparte de aumentar el consumo de frutas y verduras, lo primero es organizar las comidas. Mucha gente tiene algunos kilos demás porque picotea entre las comidas, lo que no es bueno para la salud.

(b) Si vas a un restaurante, de primero cógete una verdura. En los segundos varía: un día toma carne, otro pescado, otro una legumbre, otro arroz, otro pasta... La clave es variar y, de entre todas las opciones, elegir el plato con menos grasa.

(c) Hay que añadir más fruta y verdura fresca a nuestra dieta diaria, a poder ser alimentos de la estación en la que estemos. Por ejemplo, el invierno es una buena época para las naranjas, las peras, las mandarinas y las manzanas; y en primavera, es cuando llegan las fresas y los albaricoques.

(d) Es recomendable disminuir las carnes rojas si las consumimos en exceso y disminuir la cantidad de sal.

(e) La manzana aporta fibra, te ayuda a saciarte, tiene vitamina C y otra serie de antioxidantes que, unidos a su cantidad de agua, te proporciona una sensación de saciedad, te limpia el intestino y además es una fruta muy cómoda – la puedes llevar en el bolso – y si está bien lavada no necesitas pelarla.

(f) Hay que comer, como mínimo tres veces al día pero eso depende de cada persona. Hay algunas que sólo necesitan comer tres veces y tomar alguna infusión o café entre comidas; pero otras personas necesitan comer más frecuentemente.

(g) Frutas y verduras, ante todo. Su alto contenido en agua, fibra y vitaminas es perfecta para ayudarnos a eliminar toxinas.

Vocabulario: El SIDA

la cura	cure	el análisis de sangre	blood analysis
la enfermedad	sickness	el enfermo de SIDA	AIDS patient
la muerte	death	el síndrome	syndrome
la contaminación	contamination	el banco de sangre	blood bank
el virus	virus	el donante de sangre	blood donor
donar sangre	to give blood	contraer SIDA	to contract AIDS
ser incurable	to be incurable	infectar con el HIV	to infect with HIV
infectar	to infect	transmitir el virus	to transmit the virus
tener el síndrome	to have the syndrome	combatir la epidemia	to combat the epidemicto
ser seropositivo	to be seropositive		
pasar el virus a alguien	to pass the virus on to someone	propagar la epidemia	spread the epidemic
		hacer una prueba del SIDA	to do an AIDS test
morir de SIDA	to die of AIDS		

5.3 El SIDA y la educación

I. Lee y responde a las preguntas:

La educación es la única solución

1. Se estima que cuarenta millones de personas, el equivalente a la población española, está infectada de SIDA. Sin embargo, no se trata de centrar la atención en estas estadísticas, sino en la solución a esta epidemia de nuestro siglo. Aunque las cifras de infectados o muertos por esta enfermedad son verdaderamente escandalosas, en realidad no incluyen el número de niños no escolarizados o que han abandonado la escuela por causa del SIDA. Por lo que se refiere al impacto del SIDA sobre la escolarización de los niños, se puede decir

que lo más impresionante es el efecto de esta situación en el futuro, sobre todo en los países subdesarrollados donde esta enfermedad se ha convertido en pandemia.

2. Los científicos consideran que estamos cerca, si no lo hemos hecho ya, de perder una generación entera en África, en buena medida por el VIH, y llevamos camino de perder, al menos, la siguiente. Centrando la vista en la educación, algunos informes, como el informe de Human Rights Watch, señalan que los niños de los países en vías de desarrollo se han enfrentado a obstáculos para acudir a la escuela desde hace mucho tiempo. El problema parece ser que hoy en día, en la época del SIDA, estos obstáculos se hacen cada vez mayores.

3. Los gobiernos tienen que hacer más para evitar que muchos niños abandonen la escuela para actuar de cuidadores de sus padres o para ganar el único sustento de su familia. Estos niños, a veces, han experimentado el ciclo de enfermedad y muerte en más de una ocasión cuando padres, madres, abuelos y tíos han ido cayendo enfermos y muriendo, hasta que han quedado solos ante el abandono y la explotación.

4. La solución a la pandemia del SIDA pasa por la prevención y la educación. Hay evidencias que demuestran que a mayor nivel educativo, menor riesgo de infección por VIH y todos sabemos que la escuela es el único lugar donde los niños pueden recibir información sobre esta enfermedad, su contagio y su prevención. Sin embargo y pese a que en muchos países hay normativas gubernamentales que impiden que los niños dejen de acudir a la escuela aunque no pueden pagarla, muchos niños son rechazados por no poder pagar los libros o los uniformes o por no poder obtener los documentos que los acreditan como elegibles para la gratuidad de la educación.

5. Sin ninguna duda, se puede extraer la conclusión que la epidemia sigue extendiéndose a pesar de los esfuerzos de algunos países que ofrecen millones de dólares para el desarrollo de tratamientos, pero para solucionar este problema, buena parte de los fondos destinados al SIDA, deberían dirigirse a favorecer la escolarización de los niños, porque:

¡LA EDUCACIÓN ES LA UNICA SOLUCIÓN!

(a) Busca en el diccionario el sentido de cada una de las palabras subrayadas.

(b) Haz tus propias frases utilizando vocabulario que no conocías antes.

(c) Lee el texto y contesta a las preguntas siguientes:

Párrafo 1

   (i)   How many million people are believed to be suffering from AIDS?

   (ii) What does the author consider to be truly scandalous?

   (iii) What is said about the impact on schooling?

Párrafo 2

   (iv) How do scientists view the present situation?

   (v)   What obstacle have the children of developing countries encountered?

Párrafo 3

   (vi) What must governments do?

   (vii) Identify the circumstances that at times have led to the abandonment and exploitation of children.

Párrafo 4

   (viii) Where does the solution lie?

   (ix) What supports the idea that AIDS can be overcome through prevention and education?

   (x)   List **two** reasons why children cannot get an education.

Párrafo 5

   (xi) How should part of the AIDS funds be used?

   (xii) Traduce al inglés el último párrafo.

5.4 El tabaco, el alcohol y las drogas

I. Subraya el vocabulario que no conocías antes y escríbelo en tu cuaderno:

Vocabulario: El tabaco, el alcohol y las drogas

la campaña antitabaco	anti-smoking campaign	la jeringuilla	syringe
la nicotina	nicotine	la abstinencia	abstinence
la bebida	drink	la sobredosis	overdose
la bebida alcohólica	alcoholic drink	la droga dura	hard drug
la tos	cough	la droga blanda	soft drug
la resaca	hangover	la cura de desintoxicación	treatment for drug addiction
la adicción	addiction	la legalización	legalisation
la adicción a la droga	drug addiction	la rehabilitación	rehabilitation
la embriaguez	drunkenness	la alucinación	hallucination
la sangre	blood	las sustancias dañinas	harmful substances
la heroína	heroin	la prevención	prevention
la droga	drug	la presión social	social pressure
la cocaína	cocaine	la hierba	grass (cannabis)
la dosis	dose	el porro	joint
el tabaco	tobacco	la calada	puff
el pulmón	lung	la inyección	injection
el cuerpo	body	el hachís	hashish
el fumador	smoker	el adicto a las drogas	drug addict
el alcohólico	alcoholic	el riesgo	risk
el alcoholímetro	breathalyzer	el efecto	effect
el cigarrillo	cigarette	el éxtasis	ecstasy
el pitillo	'fag' (cigarette)	el efecto de la droga	effect of drug
el humo	smoke	el consumo de drogas	consumption of drugs
el pico	shot	el traficante de drogas	drug dealer
el habito	habit	el tráfico de drogas	drug trafficking
el yanqui	junkie	el centro de rehabilitación	rehab centre
el borracho	drunkard		
el abstemio	abstinence		

2. Empareja las mitades:

fumar •	• to be a drug addict
drogarse/tomar drogas •	• to be sober
fumar un paquete al día •	• to hallucinate
inducir a alucinaciones •	• to take drugs
estar ebrio/trompa/borracho •	• to smoke
alucinar •	• to take a drink
vomitar •	• to be drunk
ser un drogata •	• to induce hallucinations
estar sobrio •	• to vomit
darse a la bebida •	• to smoke a packet a day

3. ¿Qué es lo que dicen? Lee en voz alta estas opiniones:

El consumo excesivo de alcohol perjudica la salud.

El consumo de bebidas alcohólicas contribuye al incremento de la agresividad.

Los jóvenes beben porque son curiosos y porque quieren experimentar o simplemente porque quieren ser rebeldes a los ojos de sus amigos.

Por lo que se refiere a los menores, muchos factores contribuyen al consumo del alcohol. Lo más importante es la presión social.

El problema del alcoholismo es un obstáculo que tendremos que superar.

Los medios de comunicación incitan a los menores a beber.

4. ¿Estás de acuerdo con las siguientes frases? Apunta *Sí* o *No* al lado de cada afirmación.

- Hay otros factores como el fracaso escolar y el divorcio.

- La falsificación de documentos de identificación es también un problema.

- Hay muchos problemas que acompañan a las bebidas alcohólicas, como por ejemplo la violencia, la ignorancia y la falta de educación.

- Lamentablemente el problema del alcoholismo no va a desparecer en el futuro cercano.

- Este problema actual se debe primero a la falta de educación.

- El gobierno busca soluciones.

- Los jóvenes no son conscientes de los peligros del alcohol.

- Cuando beben, los adolescentes se sienten más felices y creen que escapan de sus problemas.

- Desafortunadamente el número de consumidores de alcohol no disminuye de manera apreciable.

- Los padres tienen que aceptar sus responsabilidades frente al problema.

- Se necesitan nuevas estrategias para solucionar este problema.

- Creo que hay una falta de educación en los colegios sobre el abuso del alcohol.

5. Corrige los errores:

En nuestro sociedad las jóvenes busca la satisfación momentánea, a pesar del consecuencias que pueda acarrearles. No quiere pensar de el futur y el vivir el momento se la toma a pie del letra, sin recapacitar qué moment están vivienda, ni cómo la vive. También ha oydo de sus proprias boca que «total, para la qué esta la vida; que hay que aprovecher cuando puede o que lo futuro está lejos y ya cambiarán». Mi opinión está que se engaña a sí mismas, que ésas son excuses fácil por justificar un comportamiento absurd. El futuro la tienen a la vuelta del esquina y muchos de ellos no podrá controlar esos hábitos que llevar aprendidas desde hace años.

En nuestra sociedad los jóvenes buscan la satisfacción momentánea, a pesar de las consecuencias que pueda acarrearles. No quieren pensar en el futuro y el vivir el momento se lo toman al pie de la letra, sin recapacitar qué momento están viviendo, ni cómo lo viven. También he oído de sus propias bocas que «total, para lo qué es la vida; que hay que aprovecharse cuando puede o que el futuro está lejos y ya cambiarán». Mi opinión es que se engañan a sí mismos, que ésas son excusas fáciles para justificar un comportamiento absurdo. El futuro lo tienen a la vuelta de la esquina y muchos de ellos no podrán controlar esos hábitos que llevan aprendidos desde hace años.

6. Empareja las expresiones de las dos columnas y haz frases completas con las expresiones siguientes:

hacer una cura de desintoxicación •	• to lose control
conducir bajo la influencia del alcohol •	• to be a slave to drugs
tener inhibiciones •	• to take measures
liberarse de inhibiciones •	• to drive under the influence
usar inyecciones •	• to have inhibitions
respirar humo •	• to be under the influence/effects of…
afectar a la salud •	• to stop smoking
perder el control •	• (in order) to combat
estar irritable •	• to affect one's health
estar bajo los efectos de/l… •	• to stop taking drugs
ser un esclavo de las drogas •	• to change one's spersonality
cambiar la personalidad •	• to use injections
dejar de fumar •	• to be irritable
dejar de tomar drogas •	• to undergo a treatment for drug addiction
perjudicar a la salud •	• to lose one's inhibitions
tomar medidas •	• to breathe in smoke
para combatir •	• to damage one's health

7. ¿Estás de acuerdo con las afirmaciones siguientes? Elige una y escribe tu reacción. Para ayudarte, busca en el texto dado expresiones que te parezcan útiles.

- «La mayoría de los adolescentes no usa drogas, ni inhala pegamento, y la mayoría de los que lo hacen no irán más allá de experimentar ocasionalmente con ellos.»

- «A pesar de la publicidad sobre otras drogas, el alcohol es la droga que con mayor frecuencia causa problemas a los adolescentes.»

- «Creo que se está llegando a un punto en el que para algunas personas que, el salir de noche es sinónimo de emborracharse y drogarse.»

- «Ni todos somos tan malos, ni todos somos tan buenos.»

8. Lee el texto siguiente:

La droga destruye y mata

(handwritten: destroy + kill.)

La realidad nos dice que miles, quizá millones de familias, sufren al ver cómo el alcohol entra y destruye la vida de los seres queridos: del padre o de la madre, del esposo o de la esposa, de un hijo o de un amigo. *(handwritten: loved ones / husband)*

Mucha gente piensa que el hecho de que las bebidas alcohólicas sean legales, incluso sean aceptadas desde el punto de vista social, agrava la situación. Nuestros adolescentes encuentran con facilidad la cerveza en cualquier bar, en cualquier casa, en cualquier fiesta. Se acostumbran a tomar, sienten la presión del ambiente para hacer lo que resulta plenamente normal entre los coetáneos. *(handwritten: the fact that / are / Our / point of view / easily / fully / Contempories)*

Todo el mundo sabe que los consejos de los padres y educadores no sirven casi para nada. Los jóvenes escuchan pero no entienden. Es un hecho bien conocido en nuestra sociedad. Hay miles de familias que saben que las drogas son algo mucho más serio que el alcohol. Esa es la razón por la cual sufren cuando ven que alguno de sus hijos comienza a fumar las mal llamadas «drogas ligeras». La única solución debe ser un mayor cuidado en las escuelas y los colegios, para que nadie suministre drogas a los adolescentes o a los pequeños. También, en nuestras casas, para ver si realmente damos a nuestros jóvenes una educación que les permita ser fuertes ante la nueva tentación que se acerca y que les pone en peligro. *(handwritten: advise / dont understand / fact / This is the reason / start / care / only solution / so that / supply / strong)*

Para solucionar este problema podemos decir sí a una vida sana y al mismo tiempo, tenemos que decir no a todas las drogas.

¡Ojo!

tomar = to drink (América Latina)

beber = to drink (España)

(a) ¿Qué impacto tiene el alcohol en la vida?

(b) ¿Dónde encuentran los adolescentes el alcohol?

(c) ¿Para que sirven los consejos de los padres y de los educadores?

(d) ¿Por qué sufren miles de familias?

(e) Busca en el texto los sinónimos de estas palabras:

- empeora
- tal vez
- socialmente
- sin dificultades

9. Lee este texto:

Las doce señales

Todos sabemos que el alcoholismo es un problema real de dimensiones colosales que afecta por igual a jóvenes y adultos. Sin embargo, es triste darnos cuenta de que muchas de las consecuencias lamentables y a veces fatales de este vicio, podrían haber sido prevenidas si tan sólo hubiéramos detectado a tiempo las señales de alarma.

Hay algunas señales que nos indican un problema de alcoholismo en desarrollo. Es posible prevenir... Hay que preocuparse y actuar...

1. El día que consideras que tomar en exceso es un logro y demuestra valentía.
2. El día que mientes acerca de tu forma de beber («Sólo llevo dos»).
3. El día en que te pasas las bebidas de un sólo trago.
4. El día que empiezas a beber por las mañanas.
5. El día en que tratas de dejar de beber y fracasas en el intento.
6. El día en que empieza a bajar tu rendimiento en la escuela o el trabajo.
7. El día que bebes a solas y no con amigos o en reuniones sociales.
8. El día que bebes porque tienes algún problema o te enojas con alguien.
9. El día en que te metes en problemas a causa de tu forma de beber.
10. El día que aseguras que puedes dejar de tomar/beber en cualquier momento a pesar de que sigues tomando/bebiendo en gran cantidad.
11. El día que bebes cada día un poco más.
12. El día que piensas que sería mejor si no tomaras y no haces nada al respecto.

Recuerda: El alcoholismo es una enfermedad y, por consiguiente, debe tratarse rápido; de otra forma podría tener efectos fatales.

(a) Subraya las expresiones que te parecen útiles.

(b) Compara tus expresiones con las de tu compañero/a.

(c) Busca las traducciones de estas palabras en el texto:

- massive proportions
- however
- to drink alone
- productivity
- with regard to this

¡Ojo!

Antes de comenzar:

1. Planear – tus ideas y número de párrafos (X 3 aprox.)

2. Preparar – el vocabulario necesario

    – las estructuras adecuadas

    – conectores

3. Escribir (Apéndice 1 y 2)

AUTO-EVALUACIÓN: CONSOLIDACIÓN DE CONOCIMIENTOS

Expresión personal – Reaccionar frente a estos temas:

1. La dieta y la vida sana: aspectos importantes.

2. Para mantener una vida larga hay que…

3. Eres lo que comes.

4. El abuso de las drogas.

5. Las enfermedades: nada más que la selectividad natural.

6. Los jóvenes beben porque quieren sentirse aceptados.

7. Los mensajes publicitarios promueven el consumo de alcohol entre los jóvenes.

8. El conflicto entre generaciones afecta a la actitud de los jóvenes.

6 LOS PROBLEMAS SOCIALES

6.1 Sin hogar - *homeless.*

la hipoteca - Mortgage
la falta de - lack of
qui

gora - hat
hobre - poor

- ¿Qué puedes ver en esta imagen?

    – Veo…/se puede ver… (a la izquierda/derecha/en el centro/al fondo/en el primer plano/detrás/enfrente)

    – Hay…

    – Parece que…

- Imagina la razón por la cual las dos personas se encuentran en esta situación:

    – En mi opinión…

    – Yo creo que…

    – Pienso que…

learn for 2 Mon

Vocabulario: Sin hogar			
vivir en condiciones precarias	living in precarious conditions	la mendicidad	begging
buscar refugio	to seek refuge	la vergüenza	shame
vivir en la miseria	to live in misery	la pérdida del hogar	loss of accommodation
fugarse de casa	to run away from home	las condiciones de vida	living conditions
sobrevivir	to survive	la apariencia	appearance
atacar	to attack	la libertad	freedom
tener hambre	to be hungry	la ley	law
tener miedo	to be afraid	la cárcel	jail
cometer un crimen	to commit a crime	la prevención	prevention

luchar contra	to fight against	la banda organizada	organised gang
vivir en condiciones de vida insalubres	to live in unsanitary conditions	la lucha contra la pobreza	fight against poverty
vagar de un lado a otro	to wander from one place to another	la delincuencia juvenil	juvenile delinquency
arrestar	to arrest	la protesta	protest
reintegrar	to reintegrate	la huelga	strike
protestar	to protest	las personas sin hogar	the homeless
denunciar	to denounce		
perder	to lose	la calle	street
acusar	to accuse	la realidad	reality
asesinar	to assassinate	la población	population
olvidar	to forget	la cifra real	real number
tener un efecto devastador	to have a devastating effect	la vivienda adecuada	adequate housing
ser condenado	to be condemned	la madre soltera	single mother
ser vulnerable	to be vulnerable	la ayuda	help
ser olvidado	to be forgotten	la alimentación	food
tener vergüenza	to be ashamed	la lista de espera	waiting list
perder la dignidad	to lose dignity	el hambre	hunger
la triste situación	sad situation	la percepción pública	public perception
la pobreza	poverty	la vivienda subvencionada	government housing
		la caja de cartón	cardboard box

1. Lee este texto:

Un hogar más amplio

1. Los sin hogar son un enorme grupo de hombres y mujeres que viven en diáspora permanente, desterrados, *exiles* olvidados *forgotten* y tantas veces heridos por su comunidad de referencia. El fenómeno de las personas sin hogar es común a todos los países del mundo, aunque *although* dentro de él conviven realidades de muy distinta definición.

2. La gran mayoría viven en los países *big majority of less developed countries, situations* menos desarrollados y su situación *associated with poverty* está asociada estrechamente con la pobreza general. Sin embargo, *however*, millones *of people are homeless that live in these industrialised countries* de personas sin hogar viven en países industrializados en medio de sociedades *in the middle of societies are* opulentas.

Sus problemas están más relacionados con problemas de comunicación que producen soledad, con el desempleo, enfermedades mentales, alcohol, drogas.... La inmensa mayoría de personas sin hogar en los países menos desarrollados está relacionada muy estrechamente con la pobreza. Los que viven en la calle son desempleados, inmigrantes rurales en las ciudades, ancianos, discapacitados, niños, viudas y gentes sin una mínima cobertura social.

3. En los países ricos el fenómeno se relaciona más con la soledad, con el individualismo o con la falta de sensibilidad pública a la hora de asignar partidas presupuestarias hacia núcleos humanos en riesgo de exclusión. Drogas, alcohol, rupturas familiares, enfermedades mentales, desempleo o carencias educativas terminan por empujar a las calles a una cantidad ingente de ciudadanos.

4. «Sin hogar» no es lo mismo que «sin techo», ni lo mismo que «mendigo», ni equivalente a «pobre», aunque a veces convivan estos atributos en la misma persona. Sin hogar significa sin vivienda, pero, sobre todo, nombra esa ausencia permanente por no tener a alguien al lado que espere, que acompañe y dé cariño.

5. En los campos de refugiados de Afganistán o de Palestina vemos a millares de familias durmiendo bajo una carpa precaria. Sin embargo, son personas con referencias afectivas, son una familia, tienen calor humano, aunque les falte el techo.

Cristóbal Sánchez Blesa, Solidarios, www.ucm.es

(a) What is Blesa's definition of homelessness? (Párrafo 1)

(b) Why does this problem exist in developed countries? (Párrafo 2)

(c) Who are the people living in the streets? (Párrafo 3)

(d) List the reasons why people become homeless (Párrafo 3).

(e) Why is *sin hogar* not the same as *sin techo* or *mendigo* or *pobre*? (Párrafo 4)

(f) ¿Estás de acuerdo con el autor?

Un debate moral

La ONU indica que en el mundo de hoy, hay más de cien millones de personas sin hogar.

La realidad es vergonzosa.

¿La solución?

Una cuestión de justicia, no de caridad.

¿Qué opinas tú?

(a) ¿Tú crees que esta situación es justa? *Do you think the situation is fair*

(b) ¿Quién debería cambiar la situación? *who must change situation*

(c) ¿Cómo podemos cambiar las cosas? *how can we change things.*

(d) ¿Podemos realmente marcar la diferencia? *Can we really make a difference*

(e) ¿Qué opinas del debate moral? En grupos pequeños justifica una opinión. Utiliza el vocabulario para construir tus razones. Expresa tu opinión con las siguientes construcciones:

según... *according to*	estoy totalmente de acuerdo con...
no estoy de acuerdo con... *I don't agree with*	hay que luchar... *One has to fight*
es verdad que... *Its true that*	es obvio que... *Its obvious that*
no me extraña que... *It doesnt surprise me that*	no me sorprende que...
en la mayoría de los casos... *In majority of cases*	al fin y al cabo... *At the end of the day*

Vocabulario: La justicia			
el mendigo	beggar	el incendio	outbreak of fire
el ocupante ilegal	illegal occupant	el fraude	fraud
		el criminal	criminal
el hogar	home	el índice de criminalidad	crime rate
el techo	roof		
los sin techo	homeless	el delincuente	delinquent
el vagabundo	tramp	el allanamiento de morada	housebreaking
los medios de subsistencia	means of subsistence	el daño	damage
el domicilio	home	los disturbios	riots
el abuso	abuse	el efecto devastador	devastating effect
el asesino	assassin	el castigo	punishment
el terrorista	terrorist	el proceso judicial	legal process
el malhechor	wrongdoer	el tribunal	court of justice
el ladrón	thief	el servicio comunitario	community service
el crimen	crime	el juicio	trial
el vandalismo	vandalism	el culpable	guilty
los olvidados	the forgotten		

6.2 El acoso: una aflicción endémica

1. Lee el texto siguiente:

El acoso: Una definición

Es la agresión repetida, que sea verbal, psicológica o física, hecho por una persona o por grupo en contra otros seres. Según los estudios y las estadísticas, esta forma de abuso deja a las víctimas sufrir de la ansiedad, niveles bajos de la autoestima y de la depresión. Es un problema social que afecta a todas las edades y a todos los niveles sociales.

(a) ¿Estás de acuerdo?

_____

_____

_____

(b) ¿Crees que es un problema tan grave?

_____

_____

_____

(c) ¿El acoso escolar existe en tu instituto? ¿Cómo lo sabes?

_____

_____

_____

2. Reacciona a cada opinión por escrito en tu cuaderno:

En mi opinión, el acoso escolar femenino es lo peor de todo. El matón que suele ser chica, quiere destruir amistades con su actitud repugnante.

Hay que reaccionar inmediatamente y sin piedad. Los matones son los verdaderos cobardes.

La verdadera víctima es el matón mismo.

Ser víctima equivale ser cobarde.

3. Trabaja en parejas o en grupos pequeños:
Tienes que imaginar que eres una de las dos personas. Tienes que responder a las preguntas de una manera profunda. Intenta entender a este tipo de personas… ¿Por qué actúan así? Di lo que opinas al resto de la clase.

La víctima	El matón
• ¿Por qué eres la víctima?	• ¿Por qué te gusta hacer daño a otras personas?
• ¿Cómo te sientes?	• ¿Disfrutas de tu poder?
• ¿Qué puedes hacer para cambiar la situación?	• ¿Podrías cambiar tu actitud?

4. (a) Rellena los espacios con estas palabras:

vista   mayoría   persona   clave   viven   que   situación   de

(b) Traduce el extracto. ¿Estás de acuerdo? Justifica tu respuesta.

«Existen hoy millones de analfabetos en el mundo. La mayoría _____ en países pobres. Desde el punto de _____ global el problema del analfabetismo en el mundo subdesarrollado sigue creciendo. La _____ de personas que no pueden ni leer ni escribir, son mujeres seguidas de los niños y niñas que tienen que trabajar. Es increíble pensar _____ hoy día en nuestro mundo existe este problema. Para nosotros, los afortunados, la idea _____ no poder leer es casi ridícula. La educación no es un lujo, es un derecho y, por eso, es nuestro deber cambiar esa _____ y dar poder a los que no lo tienen. Cada _____ debe hacer algo para lograr que todos los países puedan salir de la pobreza extrema. La _____ está en reducir la desigualdad, hacer justicia y educar a la gente. ¡A la lucha todos!»

Activista de los Derechos Humanos

5. ¿Qué opinas tú? ¿Estás de acuerdo?

«El mundo no está amenazado por las malas personas sino por aquellos que permiten la maldad.»

Prepara una respuesta (90–125 palabras). Antes de escribir haz una lista de todo el vocabulario necesario. Define «la maldad» y si quieres «las malas personas». Identifica a tus argumentos. Ten las ideas claras en tu mente. Aquí tienes un poco de vocabulario pertinente. Utiliza las siguientes estructuras para estructurar tu argumento:

- Primero...
- En primer lugar…
- En segundo lugar…

- En tercer lugar…

- Otro aspecto del problema es...

- Este no es un fenómeno nuevo...

- Es un problema que afecta a todas las clases sociales...

- En conclusión…

- En resumen…

- En pocas palabras…

- Para terminar…

Vocabulario: El fracaso escolar

el alumno	student	el fracaso	failure
matricularse	to enroll	el absentismo	to doss class
analfabeto(a)	illiterate	el mal comportamiento	bad behaviour
el empollón	spot	el conflicto	conflict
el sistema	system	pelear	to fight
el uniforme	uniform	el aburrimiento	boredom
la disciplina	discipline	el aislamiento	isolation
las notas	grades	tener dificultades	to have difficulties
sacar buenas/malas notas	to get good/bad marks	humillar	to humiliate
		insultar	to insult
los exámenes	exams	intimidar	to intimidate
las pruebas	tests	envidia	jealousy
el motivo	reason	dar una paliza a	to beat up

6. **Actividad Global**

   Todos los alumnos tienen que participar. Cada persona tiene que pensar en una palabra que pertenece al tema EDUCACIÓN. No se puede repetir palabras. Si no puedes mencionar una palabra, pierdes. El ganador es la persona que queda al final. Una persona debe hacer una lista del vocabulario en la pizarra. Después, apunta la lista en tu cuaderno de vocabulario.

7. Lee y responde:

El estrés: Un fenómeno que afecta a todos

¿Quien se siente afectado por el estrés? En pocas palabras, todos. Hoy en día, todos nos sentimos estresados de una u otra manera. Por ejemplo, fijémonos en la vida de los estudiantes: las relaciones entre compañeros y entre los estudiantes y sus profesores son sin duda fuente de tensiones anímicas que afectan a la productividad escolar. La vida de los estudiantes no es tan sencilla como parece. ¿Estás de acuerdo?

Los exámenes son otra fuente de estrés. La presión a la que los estudiantes están sometidos por parte de sus padres (y de sus profesores) para que estudien sin parar es difícil de soportar. Para aprobar los exámenes se tiene que trabajar muchísimo, y no todos están dispuestos a trabajar tan intensamente. Sí, es verdad, tener éxito en esta vida requiere sacrificio. Pero una cosa es cierta, los padres también sufren por los exámenes de sus hijos puesto que los resultados que obtengan decidirán en gran medida su futuro.

¿Crees que eres el único ser humano que vive estresado? ¡No te engañes! No vives en una burbuja. El estrés que sufres tú también lo sufren muchas otras personas. La próxima vez que tus padres o profesores te digan que tienes que trabajar más, ¡no pierdas los estribos!

(a) Identify the causes of stress mentioned in the article.

(b) How do you succeed in school according to the author?

(c) What do parents and teachers want?

(d) Who else is affected by this condition?

(e) Translate these phrases:

- ¡que no pierdes los estribos!

- ¡no te engañes!

- una burbuja

(f) Find synonyms for the following words in the text: (i) *colegas*, (ii) *causa* and (iii) *origen*.

(g) ¿Te sientes estresado/a?

(h) ¿Estás de acuerdo con la persona que ha escrito el texto?

(i) ¿Cómo podemos controlar el estrés?

(j) ¿Qué impacto tiene el estrés sobre la actitud de una persona?

La educación y la lengua: Inextricablemente ligadas

Read the following text:

¿Es el Spanglish un idioma?

El Spanglish, esa lengua compuesta de español e inglés que ha desbordado las calles para irrumpir en programas de televisión y campañas publicitarias es una amenaza para la cultura hispánica y el progreso de los hispanos hacia la cultura dominante en los Estados Unidos. Los que lo toleran y hasta fomentan como una mezcla inofensiva no se dan cuenta de que en ningún caso se trata de una relación basada en la igualdad. El Spanglish es una invasión del español por el inglés.

La triste realidad es que el Spanglish es principalmente la lengua de los hispanos pobres, muchos apenas alfabetos en cualquiera de las dos lenguas. Estos hablantes incorporan palabras y construcciones gramaticales inglesas en su lengua diaria porque carecen del vocabulario y la instrucción en español suficientes para adaptarse a la cambiante cultura en que se mueven.

Los hispanos cultos que hacen lo mismo tienen motivos diferentes: algunos se avergüenzan de su origen y sienten que al usar palabras y giros traducidos literalmente del inglés se aproximan más a la mayoría dominante, ascendiendo así de nivel social. Hacerlo les concede membresía en la cultura hegemónica. Desde un punto de vista político, sin embargo, el Spanglish es una capitulación; significa la marginalización, no la adquisición de derechos.

El Spanglish trata el español como si el idioma de Cervantes, Lorca, García Márquez y Paz no tuviera sustancia y dignidad propias.

No es posible hablar de física o metafísica en Spanglish, mientras que el español posee un vocabulario ampliamente suficiente para ambos. Es cierto, a causa de la preeminencia del inglés en campos como los de la tecnología, algunos términos como «bíper», tienen que ser inevitablemente incorporados al español. Pero ¿por qué rendirse al inglés cuando existen palabras y frases españolas perfectamente adecuadas en otros campos?

Si, como en el caso de muchas otras modas entre los hispanos en Estados Unidos, el Spanglish se extendiera por América Latina, constituiría la peor invasión imperialista, y la imposición definitiva de un modo de vida que es dominante en términos económicos, pero que no es culturalmente superior en ningún sentido. La América Latina es rica en muchos aspectos no mensurables con las calculadoras.

Por eso me preocupa oír programas de estaciones basadas en los Estados Unidos dirigidas a todo el Hemisferio. Los noticieros suenan como si fueran en español, pero si uno presta atención, pronto se da cuenta de que no lo son, sino en un inglés apenas transpuesto, ni siquiera traducido, al español. ¿Los escuchan o se mueren de risa en Ciudad México y San Juan?

El mismo tipo de entrega la cometen las compañías norteamericanas que aspiran a medrar en el mercado hispánico. Me erizo cuando oigo a un dependiente decir, «¿Cómo puedo ayudarlo?» (transposición literal del inglés "How can I help you?"), en vez de decir correctamente «¿Qué desea?» En un vuelo reciente a México, un sobrecargo de vuelo hispano leyó un anuncio por los altoparlantes del avión que no habría sido comprensible para un mexicano, un español, o un hispano de Estados Unidos de cualquier otra región que no fuera la suya. Los anuncios en la televisión norteamericana en español y los que aparecen en las calles de Nueva York están llenos de errores risibles. Me pregunto si los latinoamericanos de reciente llegada pueden siquiera entenderlos.

Supongo que mis amigos medievalistas me dirían que sin la contaminación del latín por las diversas lenguas del imperio romano no habría español (o francés o italiano). Pero ya no estamos en la Edad Media y es ingenuo pensar que podríamos crear un idioma nuevo que llegara a ser funcional y culturalmente rico.

No pido disculpas por mis prejuicios profesorales: pienso que la gente debe aprender bien los idiomas y que aprender el inglés debe ser la primera prioridad entre los hispanos en Estados Unidos si aspiran a llegar a posiciones de influencia.

Pero debemos recordar que somos un grupo especial de inmigrantes. Mientras que las culturas de origen de otros grupos étnicos se encuentran muy lejos en el tiempo y el espacio, las nuestras están muy cerca. La inmigración latinoamericana mantiene a nuestra comunidad en un estado de constante renovación. Lo menos que nos hace falta es que cada grupo específico elabore su propio Spanglish, creando así una babel de lenguas híbridas. El español es nuestro lazo más fuerte, y es vital preservarlo.

Roberto González Echevarría, translated from 'Is "Spanglish" a Language',
The New York Times, 28 March 1997

(a) ¿Estás de acuerdo con las afirmaciones subrayadas?

Ejemplos de Spanglish

bíldin	edificio (de *building*)	**jamberga**	hamburguesa (de *hamburger*)
boila	caldera (de *boiler*)	**jangear**	vagar (de *hang out*)
brecas	frenos (de *break*)	**jolope**	asalto (de *hold up*)
carpeta	alfombra (de *carpet*)	**jugársela frío**	tomárselo con calma (de *play it cool*)
culear	enfriar (de *cool*)		
chatear	charlar (de *chat*)	**leidis**	servicio de señoras (de *ladies*)
chopear	ir de tiendas (de *shop*)	**lonchear**	comer (de *lunch*)
deliberar	entregar (de *deliver*)	**marqueta**	mercado (de *market*)
enjoyar	divertirse (de *enjoy*)	**nogüey**	de ninguna manera (de *no way*)
estorma	tormenta (de *storm*)	**partaim**	trabajador a tiempo parcial (de *part-time*)
estró	pajita (de *straw*)		

feca	falso (de *fake*)	**plomero**	fontanero (de *plumber*)
frisar	congelar (de *freeze*)	**printear**	imprimir (de *print*)
gasetería	gasolinera (de *gas station*)	**rasear**	ir con prisa (de *rush*)
grosería	mercancía (de *grocery*)	**reque**	choque (de *wreck*)
güelfar	beneficencia (de *welfare*)	**rufo**	tejado (de *roof*)
jaigüey	autopista (de *highway*)	**safacón**	cubo de basura (de *safe can*)

(b) ¿De qué genero son las palabras?

(c) En grupos pequeños, inventa tus propias palabras de Spanglish. Haz una lista de sugerencias en la pizarra.

(d) ¿Estás de acuerdo con esta idea?: *Hablar Spanglish es devaluar el español.*

(e) ¿Crees que el Spanglish es el idioma de los pobres hispanos?

(f) ¿Crees que el Spanglish refleja los cambios culturales?

(g) El Spanglish constituye una muestra de cómo evolucionan las lenguas: ¿qué opinas?

6.3 El crimen, el terrorismo y la violencia

Un organigrama* social

* *flowchart*

I. (a) Aquí tenemos unos elementos diferentes. ¿Como afectan el uno al otro? ¿Cada elemento influye a los otros elementos? Utilizando flechas: ← ↑ → ↓ ↔ ↕ demuestra las influencias.

(b) Intenta dar una definición de cada palabra. Aquí tienes vocabulario para construir tus frases. Busca las palabras en tu diccionario:

Vocabulario: El crimen, el terrorismo y la violencia

la dominación	el terror	actos de violencia
infundir	inducir	bandas organizadas
crear alarma	(con) fines políticos	de modo indiscriminado
se caracteriza	delito	grave
en contra de	un comportamiento	daños físicos
el vandalismo	la agresión	ofensas
amenazas	se asocia con	de forma premeditada

Otro vocabulario útil:

- El crimen significa/encarna....
- La violencia es una expresión de/expresa....
- El individuo personifica/incorpora......
- al fin y al caboestá basado/a en
- por motivos (religiosos/políticos/personales)
- es una cuestión de
- reaccionar
- por cada acción hay una reacción

- El terrorismo simboliza/intenta...
- La sociedad representa/es....
- en realidad
- realmente
- incluye
- la venganza
- una reacción

2. En grupos pequeños describe el dibujo:

- ¿Qué podéis ver?
- ¿Qué opináis del círculo vicioso?
- ¿Qué significa?
- ¿Existen otros círculos viciosos? Describe uno.
- Identifica a las ventajas y desventajas de una clase multicultural. Haz dos listas.
- Cambios sociales: inevitables pero superables

1. Lee el texto siguiente:

ALTAVOCES

Folleto Semanal: Edición 23; Vol. 11

Aumentos en las tasas de violencia, del crimen y del terrorismo, en todos los países, en cada continente; nos preguntamos ¿por qué?

Yo creo que este aumento está ligado a la personalidad de los asesinos. Hasta hace poco, la mayoria de asesinatos se debían a motivos pasionales. Hoy en día las víctimas no conocen a sus agresores que son personas egoístas que desean conseguir lo que quieren a cualquier precio. Vivimos en una sociedad sin principios. ¿Se puede cambiar esta situación? *Elenor, Colombia*	Hoy día estamos demasiados satisfechos con nosotros mismos. ¡Hay que luchar en contra de las injusticias políticas y morales! Si hay que matar para conseguir nuestros objetivos, pues se mata. La violencia es necesaria porque atrae la atención hacia nuestras causas. *Víctor, Brasil*
Por lo que veo yo, es culpa de las drogas. Un toxicómano o un drogadicto hará cualquier cosa para satisfacer su antojo*, robar o mendigar, hasta matar. El comportamiento egoísta y las adicciones nos ha dejado en la situación actual. Por eso tenemos miedo a andar por la calle o a vivir a solas. *Carlos, Venezuela* * craving	Yo creo que los aumentos en los incidentes de crimen, violencia y terror subrayan la falta de confianza que la gente siente en las democracias contemporáneas. Los gobiernos tienen que cambiar su actitud, enfocar sus objetivos en la seguridad en vez de pensar solamente en su propio provecho. Estoy harta de mentiras y de corrupción. *Juanita, Perú*
Los terroristas son los luchadores modernos para los que no tienen voz. La pobreza es la causa. ¡Hay que terminar con la pobreza! *Enrique, España*	Las guerras entre bandas y el crimen amenazan a la seguridad, la democracia, la economía y la salud de América Latina. ¡Basta ya! *Isabel, Chile*

(a) Outline each person's opinion.

(b) Find in the text the Spanish equivalent of these words:

- feather one's own nest

- I am sick of

- to beg

- whatever the cost

- that's enough

- voiceless

- gang warfare

(c) ¿Con quién estás de acuerdo? Justifica tu respuesta.

(d) *El fin justifica los medios.* ¿Qué opinas tú? (85–125 palabras)

2. Match the proverbs (los dichos/los refranes) to their meaning:

(1)	Del dicho al hecho, hay mucho trecho.	(a)	Someone who needs little is richer than someone who has a lot.
(2)	De tal palo, tal astilla.	(b)	With money running out, the friendship ends.
(3)	No tengas como vano el consejo del anciano.	(c)	Like father like son.
(4)	No es más rico el que más tiene, sino el que menos necesita.	(d)	Do not consider useless the advice of an old person.
(5)	Acabándose el dinero, se termina la amistad.	(e)	It is one thing to say something will be done, and quite another to get it done.

3. Reacciones personales: Escribe tu reacción a uno de los dichos arriba. Te puedes referir a los problemas sociales para ilustrar tu punto de vista.

¡Ojo! Antes de comenzar:

1. Planear – tus ideas y número de párrafos (X 3 aprox.)

2. Preparar – el vocabulario necesario

   – las estructuras adecuadas

   – conectores

3. Escribir (Apéndice 1 y 2)

AUTO-EVALUACIÓN: CONSOLIDACIÓN DE CONOCIMIENTOS

Expresión personal – Reaccionar frente a estos temas:

1. La vida es un círculo vicioso.

2. ¡Abolir la pobreza!

3. La falta de confianza que la gente siente en las democracias termina en actos antisociales.

4. Los *sin hogar* son vagos.

5. Son los gobiernos los que tienen que enfrentarse a los problemas sociales.

6. El crimen y la violencia son los productos de sociedades egoístas.

7. Trata a los demás como te gustaría que te trataran a tí.

8. Es el deber de cada individuo mejorar su propia sociedad.

9. La educación: un derecho fundamental.

10. La educación equivale a la libertad.

7 LA MUJER

¿Qué hay en el dibujo? Describe a lo que puedes ver.

7.1 Las mujeres de hoy

1. ¿Qué es lo que dicen? ¿Estás de acuerdo con estas afirmaciones?

Translate the following sentences: ¿estás de acuerdo?

* Las mujeres están encargadas de las tareas de casa.

* Las madres son las que tienen que educar a los hijos.

* Hoy en día las mujeres trabajan demasiado.

* Todavía no hay igualdad entre hombres y mujeres.

* Es verdad que ellas dedican mucho tiempo a hacer las labores habituales del hogar: limpiar, cocinar, coser, planchar y barrer.

* Hoy en día las mujeres tienen muchos derechos.

* El horario diario de una mujer trabajadora suele ser estresante.

* Ellos no dedican mucho tiempo a las labores del hogar.

* En mi casa, mi madre administra el hogar, hace la compra, prepara la comida, tira la basura, lava y tiende la ropa.

* Por ejemplo, sólo un hombre puede hacer trabajos de reparación y mantenimiento.

2. Une las expresiones de las dos columnas:

• Ellas son las responsables del	(a) trabajan menos que las mujeres
• Los hombres	(b) son iguales
• Los hombres pasan más tiempo	(c) las dificultades para educar a los niños
• Los hombres y las mujeres	(d) fuera de la casa
• Las mujeres en general se sienten más	(e) funcionamiento de la vida doméstica
• Se han generado nuevos modelos familiares y se incrementan	(f) ha cambiado el tipo de familia
• La situación social y la incorporación creciente de la mujer al mundo del trabajo	(g) estresadas que los hombres
• Hasta hace poco, la madre se ocupaba fundamentalmente de las tareas de la casa y de	(h) la educación de los hijos
• Hoy, los niños pasan	(i) mucho tiempo solos

3. Haz una presentación de un minuto sobre el tema. Las expresiones y el vocabulario dado te ayudarán:

Vocabulario: La mujer

la feminista	feminist	ser liberado/a	to be liberated
la guardería	crèche	volver al trabajo	to return to work
la emancipación	emancipation	tener los mismos derechos	to have equal rights
la igualdad	equality	los derechos de la mujer	women's rights

la independencia	independence	realizarse	to fulfill oneself
la maternidad	motherhood	la emancipación de la mujer	emancipation of women
la igualdad	equality		
la desigualdad	inequality	los malos tratos	spousal abuse
el embarazo	pregnancy	estar dedicada a su profesión	to be dedicated to one's career
el feminismo	feminism		
el/la feminista	feminist	compartir las tareas del hogar	to share the household jobs
el machismo	male chauvinism		
el derecho	right	ser tratado como ciudadano de segunda clase	to be treated as a second-class citizen
el acoso	harassment		
el desarrollo profesional	professional development	la igualdad de oportunidades	equal opportunities
el movimiento feminista	feminist movement	tener acceso a una carrera	to have access to a career

4. Lee el artículo:

Una mujer preside la Universidad de Harvard, por primera vez en la historia de ese centro

1. Se trata de la historiadora Drew Gilpin Faust, designada este domingo en el más alto cargo de la casa de estudios superiores más antigua de Estados Unidos y una de las más prestigiosas del mundo. La junta de supervisores eligió a Faust, una destacada estudiosa de la historia del sur estadounidense y decana del Instituto Radcliffe de Estudios Superiores, como su vigésimo octava presidente, un cargo equivalente al de rector en los países de habla hispana. Con el nombramiento de Faust, la mitad de las ocho universidades en la Liga Ivy tendrán a una mujer como presidente.

2. Faust, de 59 años, reconoció la importancia de su nombramiento. «Espero que mi designación sea símbolo de una oportunidad que hubiera sido inconcebible hace una generación», dijo en conferencia de prensa. Pero añadió: «No soy la mujer presidente de Harvard, soy la presidente de Harvard».

3. Ella fue elegida luego de un proceso en el que varios posibles candidatos dijeron que no estaban interesados en el cargo, entre ellos el premio Nobel de medicina Thomas R. Cech y los presidentes de las universidades de Pennsylvania, Princeton y Columbia.

Asimismo, su elección tiene especial importancia debido a la controversia generada por los comentarios de Summers [su predecesor] en el sentido de que las diferencias entre los sexos podrían explicar la falta de mujeres en los trabajos científicos de alto nivel, lo cual causó un fuerte debate en torno a la equidad en

4. Faust dirigió la formación de dos equipos especiales encargados de examinar la equidad entre los sexos en Harvard, luego de los comentarios de Summers. Ha sido decana de Radcliffe desde 2001, dos años después de que el otrora «college» de mujeres se fusionó a la universidad como un centro de investigaciones dedicado a cuestiones de género.

5. Faust sería, la primera presidente de Harvard en no haber recibido un doctorado o maestría en la universidad desde que lo hiciera Charles Chauncy, egresado de la Universidad de Cambridge, en Inglaterra, quien falleció en 1672, durante su mandato. Faust estudió en la facultad Bryn Mawr de la Universidad de Pennsylvania, donde fue también profesora de historia.

El Colombiano, 13 February 2007

(a) Para cada frase elige y escribe *Falso, Verdadero* o *No* se menciona.

- Faust tiene sesenta años.
- Faust es la presidenta de todas las universidades en la Liga Ivy.
- No hay falta de mujeres en los trabajos científicos de alto nivel.
- Los comentarios de Summers causaron un gran debate sobre las cuestiones de género.
- Faust es la primera presidenta de Harvard que nunca recibió un doctorado.
- El esposo de Faust se llama Charles.
- La presidenta de Harvard tiene hijos.
- Faust fue profesora de historia en la misma facultad donde hizo sus estudios.

(b) En el texto, ¿cómo se dice?

- it's about
- appointed
- one of the most
- half of
- due to
- the lack of
- she was elected
- oldest
- the eighth president
- in which
- in the sense that
- which

(c) ¿Que significan las siguientes frases que aparecen en el artículo?

- Tendrán a una mujer como presidente
- Pero añadió
- Dijeron que no estaban interesados en el cargo
- Causó un fuerte debate en torno a la equidad en Harvard
- Equipos especiales encargados de examinar la equidad entre los sexos
- Un centro de investigaciones dedicado a cuestiones de género

(d) Traduce en tu cuaderno desde «Faust sería» hasta «profesora de historia».

7.2 La discriminación contra las muchachas

I. Lee este texto y contesta a las preguntas:

La Juventud Opina

Desde 1995, La Juventud Opina (LJO) se ha centrado en explorar el potencial educativo y de formación comunitaria de Internet y de facilitar la participación activa y real de los jóvenes en temas relacionados con los derechos del niño y el desarrollo. A través de secciones especiales en la red, de preguntas interactivas, de la exposición de perfiles de líderes de los jóvenes, se puede charlar en vivo y mucho más. La Juventud Opina provee a más de 20.000 jóvenes en más de 180 países de una oportunidad para informarse, para participar en vívidos debates y, junto con sus padres y los tomadores de decisiones, para crear un mundo adecuado para los niños.

¡El mundo necesita tu ayuda!

Cada día, en todas las partes del mundo, las muchachas son mantenidas fuera de la escuela, son golpeadas, ignoradas, forzadas a casarse, vendidas como esclavas, obligadas a luchar en guerras y a sentarse silenciosamente mientras que las decisiones son tomadas por ellas y sobre ellas.

Los gobiernos quieren saber cómo pueden trabajar para parar esta violencia y discriminación contra las muchachas. Esta pregunta no puede ser contestada sin ti. Los niños conocen sus asuntos mejor y tienen ideas claras sobre cómo solucionar los problemas.

Tus recomendaciones y sugerencias serán presentadas en la reunión 51° de la Comisión Anual sobre la Condición de las Mujeres en las oficinas centrales de Naciones Unidas en febrero de 2007 e influenciarán la forma en que el mundo trabaja para parar la discriminación y la violencia contra las muchachas.

Muchachas: Protegidas y Respaldadas, UNICEF, www.unicef.org

A.

(1) What is the focus of the organisation?

Explore the potential of education + formation of Internet + rights of children + development.

(2) List two ways in which communication is made possible.

① By live chat ② Lively debates.

(3) What opportunities does the organisation provide?

Give young people the opportunity to participate in debates along with their parents + decision makers to make a suitable world for their children

(4) According to this article, in which ways are girls' rights violated? Support your statements with reference to the text.

Ignored, forced to marry, obliged to fight wars,

B. ¿Cómo se expresan las palabras/frases siguientes?

(1) asuntos _____

que tienen que ver con _____

educación _____

comunicarse en directo _____

(2) da _____

animados _____

aquellos que deciden _____

(3) alejadas de _____

obligadas _____

unirse en matrimonio _____

forzadas _____

(4) terminar con _____

(5) la manera en la cuál _____

C. Busca en el texto los equivalentes españoles de estas frases o palabras:

- and much more
- in each part of the world
- are forced to marry
- are sold as slaves
- silently
- while the decisions are taken for themselves
- how can they work to stop this violence
- this question cannot be answered
- will influence the way in which the world works to stop discrimination

D. ¿En cuál de los párrafos se mencionan los siguientes puntos?

- los beneficios de la educación
- el papel de los padres
- el papel de las madres
- el derecho a la educación
- el estatus de las muchachas
- la dificultad para acceder a la educación

2. Lee este texto y contesta a las preguntas:

INDIA

«Los padres deberían tratar a sus muchachas como un activo y no como una responsabilidad. Deberían darles iguales derechos, oportunidades y privilegios que a los varones. Una muchacha que ha sido víctima debe ser apoyada y necesita muchísimos cuidados, rehabilitación y consejo.» *Muchacha, 17 años.*

TURQUIA

«Incluso hoy, las muchachas son consideradas de menor status que los muchachos. En áreas rurales los ancianos piensan que las muchachas nacen para dar a luz, para casarse y para limpiar la casa. Muchas muchachas ayudan a sus madres en el hogar en vez de ir a la escuela. Las consideran estúpidas e inútiles!» *Muchacha, 16 años.*

ESTADOS UNIDOS

«¿Por qué desde épocas antiguas, las muchachas y las mujeres no fueron tratadas como personas? Ahora mismo, en las áreas rurales las muchachas no son educadas. ¿Cómo puede ocurrir en un mundo tan desarrollado que haya una situación tan inaceptable? ¿Por qué las muchachas son discriminadas?» *Muchacha, 16 años.*

BANGLADESH

«En Bangladesh las muchachas siempre piensan que son más débiles que un muchacho. Esta mentalidad viene de sus madres, porque las muchachas siempre están con sus madres. En la escuela puede verse que hay dos líneas, una para muchachos y la otra para muchachas. En la clase, un lado es para las muchachas y el otro para los muchachos.» *Muchacha, mayor de 21 años.*

CANADA

«Hay varias razones por las cuales las muchachas deben educarse. Primero de todo, la educación las ayudará a alcanzar una mejor calidad de vida. En segundo lugar, una muchacha educada dará una cantidad enorme de ventajas a la sociedad y, finalmente, una muchacha educada comprenderá mejor el tener una familia pequeña para luchar contra la pobreza.»   *Muchacho, mayor de 21 años.*

Muchachas: Protegidas y Respaldadas, UNICEF, www.unicef.org

A.   (i)   ¿Qué se necesita hacer para parar la violencia y la discriminación contra las muchachas?

_____

_____

_____

(ii)   Debate en clase. ¿Crees que hay discriminación contra las muchachas en Irlanda? ¿Por qué?

B.   Rellena los huecos con las palabras adecuadas y luego contesta a las preguntas.

el impacto, desarrollo, alcanzar, la gente, sólo, debe, eliminación, explora, lados, física, alarmantes, a través del, en, investigaciones, reporte

El próximo _____ del Estado Mundial de la Infancia 2007, que UNICEF lanzará el 11 de diciembre durante su 60° aniversario, _____ el impacto que la violencia y la discriminación contra las mujeres tiene _____ los niños.

La violencia contra muchachas y mujeres se encuentra en todos _____. Las recientes _____ ____ efectuadas como parte del Estudio de la Secretaría General de las Naciones Unidas sobre la Violencia contra los Niños revelan niveles _____ de violencia basada en el género _____ mundo. En la casa, en la escuela, en el lugar de trabajo o en la comunidad, las muchachas y las mujeres experimentan violencia _____, sexual y psicosocial de manera regular. Esto _____ detenerse.

La _____ de la violencia y de la discriminación contra las muchachas no _____ es crítica para asegurar que sus derechos sean respetados, sino que también es clave para el _____ de cada país y comunidad y para _____ los Objetivos de Desarrollo del Milenio. Pero antes de poder decir cómo lograrlo, debemos entender mejor _____ de la violencia desde la perspectiva de _____ joven, particularmente desde la de las muchachas.

(i) ¿De qué trata este texto?

(ii) ¿Cuál es la idea central del texto?

(iii) ¿Qué significan las siguientes frases?

- La violencia contra muchachas y mujeres se encuentra en todos lados.
- Revelan niveles alarmantes de violencia
- Esto debe detenerse.
- Es crítica para asegurar que sus derechos sean respetados.
- Es clave para el desarrollo de cada país.
- Debemos entender mejor el impacto de la violencia.

C. Traduce las opiniones siguientes.

«Estoy seguro que las muchachas tienen la capacidad de tomar sus propias decisiones y hacer sus propias vidas. Esta confianza es clave para las muchachas que hablan contra la discriminación y las situaciones de vulnerabilidad en las que pueden encontrarse.»

«Tengo confianza en que los tiempos están cambiando.»

«Un mayor acceso a la educación, a la información, a los servicios esenciales y a las oportunidades es fundamental para terminar con la violencia y la discriminación contra las muchachas.»

«El papel del gobierno es crucial en la reducción de la discriminación contra las muchachas. Es responsabilidad del gobierno proteger a las muchachas contra la discriminación.»

«Las muchachas necesitan ser mejor protegidas del abuso físico y emocional al que se enfrentan en todos los ámbitos: el hogar, la escuela y la comunidad.»

«Las muchachas que viven en la pobreza son especialmente vulnerables, particularmente por la posibilidad de ser sometidas al trabajo infantil, al abuso y a la explotación.»

«Hay muchachas en situaciones vulnerables, especialmente las que viven en las calles, las huérfanas, las que sufren VIH/SIDA o las que están expuestas a la guerra. Ellas están particularmente bajo el riesgo de la discriminación y de la violencia.»

«Los matrimonios tempranos y forzados dejan a las muchachas particularmente vulnerables a la violencia y a la discriminación.»

«Creo que la discriminación deshumaniza a las muchachas, convirtiéndolas en objetos que pueden ser vendidos, comercializados o intercambiados.»

«Cuando se discrimina a las muchachas en todos lados, en el hogar, en la escuela y en la comunidad, ellas a veces creen que son menos que los muchachos y que merecen ese tratamiento injusto.»

«La discriminación por género existe en todas partes, en comunidades y países pobres y ricos, y en el hogar y en la escuela.»

7.3 Las muchachas y las enfermedades de la sociedad moderna

1. Lee esta carta:

Carta abierta a todos: Confesión de una madre desesperada

Escribo estas palabras desde la desesperación de una madre, que tiene una hija de 24 años, con Trastornos de Conducta Alimentarios (TCA), es decir, es bulímica y anoréxica. Mi historia me imagino que es como la de tantas otras madres con el mismo problema en casa, pero me gustaría contarla.

No hace mucho tiempo, mi hija tuvo dos intentos de suicidios. Al principio creía que era una manera de pedir ayuda desesperadamente. Yo como trabajo en un medio hospitalario (creía que esto me daba alguna ventaja) traté de buscar un centro, una asociación que me ayudara. Necesitaba ayuda porque me sentía impotente ante este problema y no sabía qué hacer...

La verdad es que hay unidades de tratamiento para este tipo de trastorno en mi ciudad, buenas unidades del TCA, pero son para adolescentes no para jóvenes de 24 años. Éstos son ingresados en unidades psiquiátricas con otros enfermos psiquiátricos, que padecen depresiones, alcoholemia, drogodependencia, etc...

Durante el verano, en el mes de agosto, me enteré por la prensa de que se había abierto una unidad para estos enfermos en el hospital de Santa Ana. Me pongo en contacto con este centro y resulta que todavía no está en marcha.

Algunos meses más tarde, en el mes de noviembre vuelvo a ponerme en marcha otra vez y compruebo que todo son trabas y burocracia (informes, sellos, y más informes). Lo peor es cuando crees que lo tienes todo y aprendes que falta otro informe o una derivación desde algún despacho de alguna consejería. Por consiguiente, he perdido la confianza en nuestra sociedad. Estamos sólos. La ayuda es sólo para «los otros».

¿Para qué tanta publicidad de moda y de modelos?

(a) ¿Qué significa el acrónimo TCA?

(b) ¿Por qué crees que esta madre ha escrito esta carta?

(c) ¿Qué buscó la mujer para ayudarla?

(d) ¿Cómo se siente esta madre?

2. Translate into English:

Personalmente, creo que la autoestima se puede aprender.

Estoy diciendo esto porque hablo desde la experiencia (¡bulímica desde los 16 hasta los 29 y entonces nadie hablaba del asunto!). A los 29 estaba harta de ENGAÑAR a todos, a mi compañero, a mis amigos, a la familia y a mí misma, y estaba más que harta de provocarme vómitos.

Decidí tener fe en mi propio cuerpo y no prohibirme ninguna comida. Si estaba destinada a ser gorda, pues bien, sería gorda. La única condición que me puse fue esperar 10 minutos antes de ingerir nada cuando tuviera ganas de comer, para estar muy segura de que el apetito era hambre de verdad. Decidí también comer todo lo que me pedía el cuerpo, fuera a la hora que fuera, pero si no me apetecía, pues nada, no comería.

Toda persona que no se quiere a sí misma, que no tiene fe en su propio cuerpo, que cree que para merecer el amor hay que 'complacer a los demás, intentará fingir ser otra/mejor persona para no faltar a las expectativas de los demás. Esta actitud lleva a relaciones personales que acaban en fracaso. No se puede querer a NADIE si uno no se quiere a sí mismo primero.

Nuestra ciudad debe crear centros adecuados donde se trate los TCA (Trastornos de Conducta Alimentaria). Me gustaría que los políticos incluyeran este punto en sus programas de partido.

Víctima de la moda

(a) Hoy en día muchas muchachas tienen problemas parecidos. Ellas también son víctimas de la moda. ¿Qué opinas tú?

(b) La preocupación acerca de la imagen corporal destruye vidas y aveces mata. Escribe entre 50–85 palabras sobre esta afirmación.

AUTO-EVALUACIÓN: CONSOLIDACIÓN DE CONOCIMIENTOS

Expresión personal – Reaccionar frente a estos temas:

1. En el mundo moderno el estado de la mujer ha empeorado.

2. Ser mujer no es una opción: ser supermujer lo es.

3. Todavía no hay igualdad entre las mujeres y los hombres.

4. El mundo sigue siendo un lugar de hombres.

5. La vida no es justa para algunas.

¡Ojo!

• Prepara antes de escribir (Apéndice 1 y Apéndice 2: Written production)

APÉNDICE 1: EXPRESIONES ÚTILES

Expresiones útiles para empezar

- Ante todo *– Above all*
- En primer lugar… *– Firstly*
- Como punto de partida… *– As a starting point*
- Para empezar… *– To begin*

- Primero… *– First*
- Antes que nada… *– Before anything*
- El primer… *– The first*
- En principio… *– In principle*

Expresiones útiles para concluir una exposición

- En conclusión… *– In conclusion*
- En resumidas cuentas… *– Sum up*
- Para concluir… *– To conclude*
- Por último… *– Lastly*
- Dicho lo anterior, sólo resta… *having said, only remains previously to*

- En pocas palabras… *– To sum up*
- Para terminar… *– To finish*
- Finalmente… *– Finally*
- Se puede concluir… *– One can conclude*
- De lo que acabo de decir se puede concluir (que) *that From what I've just said, one can conclude*

Expresiones útiles para desarrollar una idea

- Para empezar, examinemos… *To begin, lets examine*
- Para comenzar sería útil… *To begin, it would be useful*
- Otro aspecto del problema es… *Another aspect of problem is secondly*
- En segundo lugar…

- Para abordar mejor este tema. *Tackle this topic*
- Vamos a abordar otro aspecto… *were going to tackle another aspect*
- En primer lugar… *In the first place*
- En tercer lugar… *Thirdly*

- Para tener una visión mas clara de la situación actual. *To have a clearer idea of current situation*
- Para entender mejor la complejidad de este problema… *To better understand the complexity of the problem.*

Expresiones útiles para introducir un tema

- Este es un tema muy debatido hoy en día. *This is a much debated topic nowadays*
- Este no es un problema nuevo. *This is not a new problem*
- Este no es un fenómeno nuevo. *This is not a new phenomenun.*
- Estamos debatiendo este tema desde hace mucho tiempo. *We have been debating this for a long time*
- Este es un problema que nos afecta a la mayoría. *This is a problem that effects majori*
- Es un problema que afecta a todas las clases sociales. *Problem which affects all social c*
- Este es un tema que nos interesa a todos. *Topic which everyone is interested in*
- La importancia de este tema no puede ser subestimada. *Importance of this topic cannot be underestimated*
- Este problema ha alcanzado tales proporciones que… *This problem has reached such proportions that*
- Este problema causa mucha controversia. *Problem causing a lot of controversy*
- La realidad de este problema es más seria de lo que pensamos *Reality of this problem is more serious than we think*

- Todo el mundo sabe que este problema no es un problema nuevo. *Everyone knows that this problem is not new*
- El problema no es tan grave como parece. *Problem not as serious as it seems.*
- A primera vista, se puede decir que... *At first sight one can say that.*

Expresiones útiles para esbosar una idea
develop.

- Antes de todo, voy a abordar el problema de. *Before anything I'm going to tackle the problem of*
- Vamos a abordar el problema de.. *we are going to tackle*
- El primer aspecto sobre el que vamos a debatir.. *First aspect on what were going to debate is ...*
- Vamos a examinar los argumentos a favor y en contra. *were going to examine arguments for and against*
- Veamos cuáles son las ventajas y las desventajas. *were going to see advantages + disadvantages.*
- Mi objetivo principal es... *My main objective is*
- Para tener una idea más clara de la situación actual.. *In order to have a clearer idea of the current situation*
- Vamos a abordar el aspecto siguiente. *were going to tackle the following aspect*
- Trataré de determinar las causas principales... *I will try to determine the main causes...*
- Por otra parte... *On the other hand..*
- Por otro lado... *On the other hand ...*
- Por otro lado, hay algunas personas que piensan que... *there are some people who think that...*
- Otro lado del problema es... *Other side of the problem is..*
- Examinemos la otra cara de la moneda. *Lets examine the other side of problem*
- Vamos a abordar otro aspecto. *were going to tackle another aspect*
- Vamos a debatir la otra cara de la moneda. *Were going to debate the other side of the story.*
- Otro aspecto del problema es... *Another aspect of the problem is*
- Examinemos lo siguiente: *lets examine the following*
- Ponemos en tela de juicio... *Call into question*
- Otro hecho que hemos olvidado mencionar es... *Another fact which we have forgotten to mention is*
- Otro hecho que merece ser mencionado...
Another fact which deserves to be mentioned is.

Expresiones útiles para hacer referencia a lo que vas a esbozar

- En primer lugar. Firstly
- En tercer lugar.. Thirdly
- Primero.. First
- Como punto de partida As a starting point
- En principio.. Firstly / In principle
- Por consiguiente abordaremos el aspecto de. Therefore we will tackle the aspect c
- Por consiguiente vamos a explicar resumidamente Therefore we are going to quickly explain
- Voy a examinar la situación actual. I am going to explain the current situat
- Trataré de dar una idea general sobre/acerca.. I will try to give a general idea about
- Vamos a esbozar las causas que contribuyen a.. Develop / Examine causes that contribute to
- Vamos a hacer un breve resumen de los factores principales Summarise the main factors.

- En segundo lugar... Secondly
- Ante todo…
- Antes que nada…
- Para empezar… To begin
- Luego vamos a considerar.. then were going to consi

Expresiones útiles para mencionar el objetivo del análisis

- Luego.. Then
- Por consiguiente. Therefore
- Esto nos permitirá/Este análisis llevará a This will allow us, this analysis will lead to
  comprender mejor la complejidad del tema/ problema
  sacar la realidad a la luz. lead us to see the reality of situation
  comprender mejor las consecuencias. to better understand consequences
  arrojar luz sobre (to throw light upon …)
  ver la situación con otros ojos. See the situation differently.

- Al final.. At the end
- Este análisis.. This analysis

Expresiones útiles para hacer comparaciones

- Si comparamos If we compare
- Hacen frente a… Faced with
- En la Irlanda de los años ochenta… In Ireland of 80's
- Hace treinta años, no existía… 30 yrs ago it didnt exsist
- No se hablaba de. One didnt talk about
- La gente no se preocupaba tanto. People didnt worry so much
- No había tales preocupaciones. Not such worries
- Antes, no había ningún problema.
- Otros países también se enfrentan con/se afrontan con
- En aquella época la situación era muy diferente
- En el pasado no había este tipo de problema.

- La situación es comparable a…
- La situación es la misma.
- No se oía hablar de…
- Durante la época de nuestros abuelos…
- En aquella época, la vida era más bonita.
- No había tantas cosas como hoy.
- No había tantos problemas de este tipo.

- La mayoría de los países desarrollados…
- La mayoría de los países subdesarrollados…
- Los países en vía de desarrollo económico…
- Se ven enfrentados a este problema
- Tienen mucho en común si pensamos en…
- ¡Ojalá que la situación fuera diferente, como antes!

Expresiones útiles para proponer soluciones

- Es mejor intentar solucionar este problema.
- Deberíamos cambiar la situación actual.
- Tenemos que decir ¡No! a las drogas.
- El ideal sería terminar con las injusticias.
- Para solucionar este problema tenemos que…
- Se debe…
- ¿Por que no plantearse (+inf.)?
- Es necesario…
- Necesitamos buscar soluciones.
- Tenemos que aceptar las consecuencias.
- Tenemos que preguntarnos que se puede hacer.
- Para que se pueda solucionar este problema
- El gobierno debería encargarse de…
- Tenemos que asumir nuestra responsabilidad
- Es necesario hacerse cargo de …
- Hay un montón de soluciones a este problema…
- Se debe pensar en las soluciones para el futuro
- Es perfectamente posible concebir una solución.
- Seria útil tener en cuenta todos los puntos de vista.
- No se podría solucionar este problema como por ensalmo.
- La solución sería educar a los niños desde pequeños sobre las consecuencias.
- Si nadie se preocupara de esto, nunca se podría solucionar este problema.

Expresiones útiles para hablar de las consecuencias

- Por eso
- Por lo tanto
- Por consiguiente

Expresiones útiles para expresar opinión

- Yo creo que
- Estimo que…
- Debo decir que…
- A mí me parece que
- Pienso que…
- Tengo la impresión de que…
- Desde mi punto de vista…
- Tal y como yo lo veo…
- Según los científicos…
- No puedo evitar pensar que…
- Mucha gente piensa que…
- Hay gente que fomenta la idea de que…

- Opino que…
- Estimo conveniente que…
- A mi modo de ver
- A mi juicio…
- Por mi parte, estoy seguro que…
- Personalmente comparto la opinión que…
- Desde el punto de vista del autor…
- Según el autor…
- Según la opinión pública…
- Parece mentira que…
- Algunos afirman que…

Expresiones útiles para expresar acuerdo

- Estoy totalmente de acuerdo
- Yo también pienso que
- Es verdad
- X tiene razón cuando afirma que…
- ¡Claro!
- Comparto este punto de vista
- Admito que…
- Reconozco que…
- Se debe reconocer que…
- Como el autor/ X ha bien dicho,…
- Me parece justificado querer…
- Esta idea me parece excelente.
- Este punto de vista me parece excelente.
- Coincido con el punto de vista del autor en este tema.

- Estoy plenamente de acuerdo con…
- Es cierto
- Tienes razón
- Estoy a favor de…
- ¡Cuánta razón tienes!
- Comparto la misma opinión.
- Comparto la misma inquietud acerca de…
- Se debe admitir que…
- Como el autor/usted bien dice…
- Me parece una buena idea…
- Estoy de acuerdo en la necesidad de (+inf.)
- Estoy de acuerdo con el autor acerca de…

Expresiones útiles para expresar desacuerdo u opiniones contrarias

- No puedo creer esto.
- No es verdad.
- No estoy de acuerdo con esto.

- No lo creo.
- Estoy en contra de esto.
- Esta no es una opinión que yo comparto.

- No estoy totalmente de acuerdo con…

- No comparto este punto de vista.

- No tengo la misma opinión.
- No opino lo mismo.

- No estoy a favor de esta idea.
- No estoy de acuerdo con los que piensan que…

- Me niego a creer que…
- No comparto la opinión de los que piensan que…

- A nadie le importa si…
- Se debe reconocer que…

- Por el contrario…
- Sería una locura pensar que…

- Por otra parte…
- Por otro lado…

- Otro aspecto del problema es…
- Examinemos la otra cara de la moneda.

- Me parece una locura
- Me opongo a lo que se dice sobre…

- Me parece inoportuno decir que…
- Me parece difícil aceptar esta idea.

- Me parece necesario cambiar esta opinión.

- Me parece un poco exagerado afirmar que…

- No logro entender este tipo de pensamiento.

- Me parece imposible aceptar este punto de vista.

- Tenemos que moderar nuestras opiniones acerca de…

- No puedo tolerar este tipo de comportamiento.

- Esto desborda mi capacidad de comprensión.

- Tengo un punto de vista diametralmente opuesto.

- Por otro lado, hay algunas personas que piensan que…

- Por lo que se refiere a X , quiero decir que estoy en desacuerdo con…

Expresiones útiles para expresar sorpresa

- ¡Anda, no me digas!
- ¡Qué maravilla!

- ¡No puede ser!
- ¿De verdad?

- ¿Ah, sí?
- ¡Estupendo!

- ¡Qué lindo!
- ¡No puedo creerlo!

- ¡No me lo puedo creer!
- ¡Qué bien!

- ¡Qué sorpresa!
- ¡Es increíble!

Expresiones útiles para expresar disgusto

- Es espantoso.
- Me parece muy mal.

- Me parece fatal.
- Me parece horrible.

- ¡Qué asco!
- ¡Qué vergonzoso!

- ¡Qué horror!
- ¡Qué raro!

Expresiones útiles para generalizar

- La gente
- Mucha gente piensa que…
- Todo el mundo sabe que…
- Casi todo el mundo…
- Se sabe que…
- Se opina que…
- Se ha dicho que…
- En general…
- Por lo general…
- Me parece obvio que…
- Es perfectamente posible generalizar…
- ¿Podemos generalizar?
- ¿Podemos fomentar la idea de que…?
- Es cierto que…
- Es indudable que…
- Parece ser que…
- Es de extrema importancia que…
- Me parece lógico que…
- Es/sería vergonzoso que…

- La mayoría de…
- Todo el mundo…
- Es un hecho bien conocido que…
- Continuamente oímos hablar de…
- Se reconoce que…
- Se calcula que…
- La verdad es que…
- Generalmente…
- Normalmente…
- No se puede negar que…
- Hoy en día se estima que…
- Es verdad que…
- Es un hecho bien sabido que…
- Lo que es cierto es que…
- Estamos de acuerdo en la necesidad de…
- Es/sería difícil imaginar que…
- Es/sería inútil…

Expresiones útiles para hablar de sentimientos

- Me alegro (cuando…)
- Me enfado (cuando…)
- Me pongo contento/a (oír hablar de…)
- Me pone/Me ponen contento/a
- Me pongo de mal humor
- Me pongo verde de envidia
- Me pone/Me ponen triste
- Me pone/Me ponen malo/a

- Me alegra/Me alegran
- Me enfada/Me enfadan
- Me pone/Me ponen nervioso/a
- Me pone/Me ponen de mal humor
- Me pongo triste
- Me pongo malo/a

Expresiones útiles para concluir o para llegar a una conclusión

- En conclusión…
- En pocas palabras…
- Para terminar…
- Para resumir…
- Por último…
- En definitiva…
- En último lugar…
- De esto se puede concluir que…
- En conclusión, podemos decir que…
- Es nuestra responsabilidad cívica.
- Lo debemos a todos.
- En resumen…
- En resumidas cuentas…
- Para concluir…
- Finalmente…
- Se puede concluir…
- Por consiguiente…
- Antes de terminar…
- Para llegar a una conclusión definitiva…
- Dicho lo anterior, sólo resta…
- De lo que acabo de decir se puede concluir…
- Debemos hacerlo en nombre de un futuro mejor.
- Sería demasiado optimista de mi parte decir que…
- Nunca se podría solucionar este problema.
- Entonces, viviríamos en un mundo de ensueño.
- Si no existiese el problema, nuestro mundo sería mejor.
- Nuestras vidas serían más felices si no existiese este problema.
- Si X no existiese, Y habría desaparecido hace mucho tiempo.
- El mundo de mañana será destruido por los que no hacen nada.
- El mundo de nuestros hijos está en peligro por culpa de los que…
- Es nuestra responsabilidad colectiva ciudadanos.

Expresiones para debatir un tema

Para expresar tu opinión personal

- Pienso que/creo que/considero que es guay/interesante
- En mi opinión los adultos no nos entienden…
- A mi parecer Beyoncé es la mejor cantante…
- Personalmente, opino lo mismo que Dermot…
- En cuanto a mí, Siobhán se equivoca si cree que…
- Me da la impresión que Cathal es el único que opina así…
- Según lo que yo entiendo, nadie tiene evidencia clara…

Para expresar condición

- Todo depende de lo que se quiera decir por 'guapo'…
- Es difícil decir cuál de los dos es el mejor…

- Me resulta difícil expresar una opinión sobre este tema...
- Eso depende de la situación de...

Para decir que estás de acuerdo con alguien

- Estoy (totalmente) de acuerdo con lo que dice Clodagh cuando dice que...
- Ella tiene toda la razón en decir que...
- Comparto el mismo punto de vista que tú cuando dices que...
- Admito que en este punto estaba yo equivocado...
- Reconozco que no tendrás tiempo porque tienes que estudiar pero...
- Tienes razón, Niamh, yo pienso igual que tú...

Para decir que estás en desacuerdo con alguien

- Carla está muy equivocada si piensa que...
- Estoy (totalmente) en contra del comentario de Mairéad....
- No estoy de acuerdo contigo si crees así...
- Lamento tener que llevarle la contraria en este punto...
- No es verdad/cierto que...
- No es una cuestión de...sino...
- Me decepcionó muchísimo oír/leer los comentarios de Claire

Para expresar probabilidad/posibilidad

- Puede que tienes/razón, no estoy seguro...
- Es posible que necesitemos más ayuda...
- Quizás se haya olvidado de la importancia de...
- Me parece muy posible/probable que esto no resuelva...

Para expresar seguridad

- Estoy seguro de tener la razón en esto...
- Lo que está claro es que no hay igualdad...
- Nadie puede negar que la violencia exista
- Sin lugar a dudas...
- Estoy convencido de que todo irá mejor finalmente...

Para presentar un hecho

- Se sabe que el odio no sirve para nada...
- Lo que es seguro es que no hay tiempo suficiente para todo esto...
- En realidad la situación es peor de lo que parece...

NOW TEST YOUR KNOWLEDGE!

By combining what you have learned in Section 3 and Appendix 1, translate into Spanish the following phrases:

Offering an opinion on a social topic	
(1) INTRODUCTION • In my opinion • First of all I'd like to say that.. • I think that/I agree with • I'd like first to admit the following thing • I agree with this statement • I share the opinion of the author who well said that ["use quotation"]. • I regret having to say that I don't share the opinion of the author.	
(2) DEVELOPING IDEAS • I always considered/believed that.. • In spite of public opinion, I think that.. • I find hard to believe that… • I think it's crazy • It seems scary • It is truly shocking • It's depressing • It's unbelievable • It's incredible • It's unacceptable • It is very regrettable • I don't feel at ease • I feel sad • I feel embarrassed when I hear people speak of...	

It's important to • understand the present situation • try and understand the situation *It's necessary first of all* • to understand what's going on • to understand the causes • to analyse the advantages and the disadvantages • to consider the seriousness of this problem	
We need to/One must/We should/We have to • ask questions • look for causes • face the problem • understand what's going on • improve the present situation • put an end to this situation • solve this problem • debate more *We know that it is/Everybody knows that it is* • dangerous to drink and drive • difficult to approach this subject • difficult to solve this problem • useless to debate *The ideal would be to* • inform the young about the consequences • warn everybody about the dangers	

• debate more • improve this situation • solve the problem • put an end to this conflict once and for all • find a solution as soon as possible	
The solution would be to/A good solution would be to • act immediately • fight against this situation • educate the youth • find solutions • maintain our optimism • be optimistic • be more honest • work together • be responsible • unite our forces • take responsibility for our own actions	
It's necessary • to face this problem/the reality • to do our best	
Somebody must • say NO to the… • and YES to the…	

(3) CONCLUSION • In conclusion • To conclude… • Lastly… • In order to conclude… • I would like to conclude by making the following point…	
• It's the government's fault. • It's the responsibility of each… • In the future there is the risk of… • This frightens me. • The future scares me. • Sometimes I worry. • It's our civic duty.	
• We all have a role to play. • The government must do its best. • We must be wiser/more optimistic. • We should be tolerant with regard to… • We should be patient. • We must say NO to…	

APÉNDICE 2: APOYO GRAMATICAL IMPRESCINDIBLE

A selection of grammar points that appear in the book are explained below. A number of the explanations are followed by exercises.

Glossary

- El Infinitivo (the Infinitive): the title or name of the verb: ending in **-ar**, **-er**, **-ir**.
- Un adjetivo (adjective): describes a noun.
- El sujeto (subject): the doer of the action, e.g. the cat in *The cat sat on the mat*.
- El objeto (object): the receiver of the action, e.g. the book in *I bought a book*.
- El sustantivo (noun): a person, place or thing.
- El pronombre (pronoun): replaces the noun, e.g. *I, you, he, she*.
- La conjunción (conjunction): joins words, ideas, phrases/clauses together, e.g. *and, but*.
- El verbo (verb): an action word, e.g. *to go, to say*, etc.
- El adverbio (adverb): describes verbs, adjectives and other adverbs: to walk *quickly*.

Word order

- Descriptive adjectives normally follow the noun. Their placement will affect the translation. Examples:

  – **una vieja amiga** (a friend known for a long time)

  – **una amiga vieja** (a friend who is old in years)

- Do not break up idiomatic phrases like **darse cuenta de** (to realise), **tener que** (to have to), etc.
- In a question, the subject–verb order is normally inverted, e.g. **¿Llega el tren a las siete?**
- Direct and indirect object pronouns must come before a conjugated verb form, e.g. **Lo veo cada semana**.
- Place **No** before the verb in negative sentences, e.g. **No comprendo/no entiendo**.
- **Note**: The only words that may be used between **No** and the verb are direct, indirect and reflexive object pronouns, e.g. **No lo necesito** (direct object), **No te lo puedes creer** (reflexive); **No le di el libro a ella** (indirect object).
- When using exclamations, it is common to place the verb before the subject, e.g. **¡Qué bonito es el gato!**
- Do not separate **haber** and the past participle, e.g. **ha roto la ventana**.

Written production: A few pointers

Section 3 of this book gives pointers on composition. It is important to keep in mind the following:

- Always think before you write. This means planning your response/answer to a question, a topic or a theme.

- Planning requires the identification of your ideas (two or three points illustrating your argument are usually enough)

- Be sure your argument is **structured**, i.e. it has a beginning, a middle and an end. Using paragraphs helps, e.g. use one paragraph for each section in this case. (**Conectores** are invaluable here: see page 241).

- Prepare: relevant vocabulary (including synonyms if possible), idioms, use of *conectores*, etc.

- Only at this stage should you be finally beginning to write.

- Always read over your work as critically as you can: look for spelling, punctuation and general grammar mistakes.

Adjectives

Gender and number

- Adjectives agree in gender and number with the nouns they modify.

- If an adjective ends in **-o**, change the **-o** to an **-a** when modifying a feminine noun. Examples:

  - **el chico guapo**

  - **la chica guapa**

- Add an **-a** to adjectives ending in **-or**, **-on**, **-an** when modifying a feminine noun. Examples:

  - **Mi tío es gruñón**.

  - **Mi tía es gruñona**.

- Add an **-a** to adjectives of *nationality* to create the feminine form. Examples:

  - **un niño español**

  - **una niña española**

- Add an **-s** to adjectives ending in a *vowel* to form the plural, e.g. unos chicos guapos.

- Add an **-es** to adjectives ending in a *consonant* to form the plural, e.g. unos coches azules.

- If more than one adjective is used with plural nouns in relation to units, it will agree in gender only. Examples:

  - **los estudiantes, un alemán y un inglés** (one student of each nationality)

  - **los estudiantes alemanes e ingleses** (two groups of each nationality)

Position of adjectives

Adjectives generally follow the noun they modify. A few adjectives change their meaning depending on their location.

Adjective	Before noun	After noun
pobre	poor (pitiable)	poor (destitute)
grande	great	big/large
mismo	same	self

Shortening of adjectives

A few adjectives that precede the noun lose their final vowel or syllable. Examples:

- **cien**   **ciento**

- **buen**   **bueno**

- **tercer**   **tercero**

- **san**   **santo**

- **gran**   **grande**

- **primer**   **primero**

- **mal**   **malo**

Conectores (discourse markers)

Conectores are words used to link what has been said with what is about to be said. Here is a list of some commonly used conectores:

- *Afterthoughts*: **a propósito/por cierto** (by the way)

- *Addition*: **además/es más/encima*** (moreover); **por lo demás** (apart from that)

- *Agreement with an opinion*: **claro*** (of course); **desde luego/por supuesto** (of course); **en efecto/efectivamente** (in effect).

- *Qualification of an explanation*: **sin embargo** (however, nevertheless, still); **a pesar de** (in spite of that); **no obstante** (means the same thing as **sin embargo** but is only used in written work)

- *Dismissing information* (expressing the idea that something doesn't matter): **de todas formas/ maneras**; **sea como sea** (anyway)

- *Emphasis*: **en realidad/realmente** (in fact/in reality/to tell the truth); **de hecho** (actually); **es que** (the fact is)

- *Contradiction*: **por el contrario/al contrario** (on the contrary); **de ninguna manera** (expresses strong refusal)

- *Contrast*: **por otra parte** (on the other hand); **en cambio/por el contrario** (however).

- Consequence: **por lo tanto/por consiguiente/como consecuencia** (as a result); **por eso** (that is why)

- *Conclusion drawn from what has previously been said*: **de manera que**; **de modo que**; **así que**; **o sea que** (so that, meaning 'as a result')

- *Summarising*: **en resumen/en suma** (in short/to sum up); **en fin** (finally)

* *Colloquial use*

Cuál/cuáles

- Followed by **de**, **cuál/cuáles** means which one(s) of several: Examples:

  - **¿Cuál de los libros es más necesario?** *Which of the books is most necessary?*

- Refers to something already mentioned (choice):

  - **Hay dos vestidos. ¿Cuál prefieres?** *There are two dresses. Which do you prefer?*

- Followed by **ser**:

  - **¿Cuál es la fecha?**

  - **¿Cuál es la capital?**

  - **¿Cuáles son mis responsabilidades?**

Dónde/adónde and donde

- Adónde is used with verbs of motion and in the Interrogative: **¿Adónde vas?**
- Dónde is the interrogative: **¿Dónde está la casa?**
- Donde requires a noun: **La casa donde vivo es vieja**.
- NB: there are other combinations with dónde: **de dónde** (*from where*), **por dónde** (*through where*), etc.

El estilo indirecto (E.I): A few pointers

- The introductory verb is followed by **que**: **Juan dice que**
- When using the Present tense, the tense will remain the same in the **estilo indirecto**. Example:

  Estilo directo:

  Juan dice: «No puedo ver el partido de fútbol porque tengo que estudiar.»

  Estilo indirecto:

  Juan dice que no puede ver el partido de fútbol porque tiene que estudiar.

- Some verbal changes can take place when changing direct speech into indirect speech. The general rule to keep in mind is as follows:

  (a) The Present tense becomes the Imperfect. Example:

  Estilo directo:

  María explicó: «Tengo que estudiar para el examen.»

  Estilo indirecto:

  María explicó que tenía que estudiar para el examen.

  (b) The Perfect tense becomes the Pluperfect:

Estilo directo:

El ladrón confesó al juez: «Esperé al lado de la joyería varias horas.»

Estilo indirecto:

El ladrón confesó al juez que había esperado al lado de la joyería varias horas.

Now try these exercises

Change the **estilo directo** to the **estilo indirecto**:

1. Marimar dice: «Vivo en Madrid.»

2. «Me llamo Isabel,» declara la chica.

3. David explicó: «Tengo prisa.»

4. La enfermera le dijo al médico: «Ya le he puesto inyección al paciente.»

The Imperative: Giving orders/commands

- The Imperative is used to give an order/command.

- In Spanish there are formal and informal/familiar forms (**tú**, **vosotros**, **usted** and **ustedes**).

- The **usted** forms are expressed by the Present Subjunctive:

  – For **-ar** verbs:

    Take the **Yo** form of the present tense, remove the **o** and add and **-e**.

  – For **-er** and **-ir** verbs:

    Take the **Yo** form of the present tense, remove the **o** and add **–a**.

  – To form the plural formal command, add **-n** to the singular form.

¡Ojo!   • Watch out for irregular verbs that do not follow this rule. Examples:

Infinitive	Present Indicative	Imperative
dar	doy	**dé/n**
estar	estoy	**esté/n**
ir	voy	**vaya/n**
saber	sé	**sepa/n**
ser	soy	**sea/n**

- Formation of the familiar command in the **tú** form is the same as the third person singular of the Present tense, e.g. **lava**. The **vosotros** form is created by changing the **-r** ending of the Infinitive to **-d**, e.g. **lavad**.

¡Ojo! **Vosotros** is not commonly used in Latin America. **Ustedes** is used instead.

¡Ojo! The negative forms come from the **tú** and **vosotros** forms of the Present Subjunctive, e.g. **No laves/lavéis**.

Interrogatives and exclamations

- **qué**: what, which, what + a noun, how − noun
- **quién**, **quiénes**: who, which one(s)
- **cuál**, **cuáles**: which, what, which one(s)
- **cuánto**, **-a**, **-os**, **-as**: how much, how many
- **dónde**: where
- **cuándo**: when
- **adónde**: (to) where
- **por qué**: why (answer uses **porque**)
- **para qué**: why (answer uses **para**)
- **cómo**: how
- **a quién**, **a quiénes**: whom
- **de quién**, **de quiénes**: whose

NB: All interrogatives have accent marks.

Now try these exercises: fill in the blanks with the appropriate word.

1. ¿La ciudad _____ vives es grande.

2. No sé _____ es ese libro.

3. ¡ _____ bonito!

4. ¿ _____ son los días de la semana?

5. ¿ _____ es tu número de teléfono?

'Por' and 'para'

*Uses of **por**:*   *Examples*

1. Length of time: **Caminó por dos días.**

2. Through/along: **Iba por el bosque**.

3. Meaning *per*: **dos veces por día**

4. In exchange for: **en cambio por…/por**, e.j. **Te doy mi perro en cambio por/por tu gato**.

5. To send or to fight for: **Luchó por su patria**.

*Uses of **para**:* *Examples*

1. In order to (*purpose*): **Fui al medico para hablar con él**.

2. A future time: **Estará preparada para el domingo**.

3. Destination **La semana que viene salgo para Toledo**.

4. An intention: **El pintor hizo un cuadro para ella**.

Now try these exercises:

1. Gana ciento-veinte euros (*per*) semana.

2. María y Juan decidieron casarse (*by*) mayo.

3. ¿Cuánto pagaste (*for*) ese libro?

4. Ha sido director (*for*) quince años.

5. «Necesitáis repasar todo (*by*) el jueves» dice el profesor.

6. (*In order to*) ir al aeropuerto hay que pasar (*by*) el puente.

'Por qué', 'para qué' and 'porque'

Por qué and **para qué** both mean *Why*:

1. **Por qué** is used if the expected answer will begin with **porque** (*because*).

2. **Para qué** starts a question where the expected answer will begin with **para** (*in order to*).

- ¿**Por qué** vas al cine? *Why* do you go to the cinema?

  Porque me gusta la película. *Because* I like the film.

- ¿**Para qué** vas al cine? *Why* do you go to the movies?

  Para ver a mi actor favorito. *In order to* see my favourite actor.

Qué

Qué is used in the following cases:

To ask a definition:	**¿Qué es el amor?** *What is love?*
To ask about things not yet mentioned:	**¿Qué prefieres, manzanas o peras?** *Which do you prefer, apples or pears?*
To express "What a...!"	**¡Qué día hermoso!** *What a lovely day!*
To precede a noun:	**¿Qué chica te gusta?** *Which girl do you fancy?*
To precede an Infinitive in an indirect question:	**No sé qué hacer.** *I don't know what to do.*
As part of idiomatic expressions:	**¿Qué tal?** *How are you?* **¿A mí qué?** *What do I care?* **¿Y qué?** *So what?*

Reflexive and non-reflexive verb meanings

- Reflexive verbs are always indicated by the **-se** at the end of the Infinitive, e.g. **levantarse**.
- Sometimes verbs have both a reflexive and a non-reflexive form:

    Examples:

Verb	*Non-Reflexive*	*Reflexive*
1. **Acostar**	to put to bed	to go to bed (**acostarse**)
2. **Bañar**	to bathe	to take a bath (**banarse**)
3. **Casar**	to marry	to get married (**casarse**)
4. **Despertar**	to awaken	to wake up (**despertarse**)

Now try this exercise

For each of the examples 1–4 above, write sentences illustrating the reflexive and non-reflexive meaning of the verbs.

'Ser' and 'estar'

	Uses of **ser**	*Examples*
1.	When any form of *to be* is followed by a noun	**Es una mujer.**
2.	To express possession	**Este coche es mío.**

3.	To tell the time and date	**Son las diez. Hoy es el cinco de mayo.**
4.	To express origin	**¿De dónde sois?**
5.	To express occupation or religion	**Soy católica. Soy profesora**
6.	To describe what something is made of	**La mesa es de madera.**
7.	To express innate characteristics	**La casa es grande. Es alto y moreno.**

	Uses of **estar**	*Examples*
1.	To show the location of people or objects (**not** the location of events)	**Dublin está en Irlanda.** **Estamos en la tienda.**
2.	To describe how someone looks	**Está gorda/bonita.**
3.	To describe temporary or changeable states (in mood or physical condition, etc.)	**Está enferma. Está en clase.**
4.	To express the result of a previous action	**El edificio está construido.**
5.	In the construction of the Progressive tense (**to be** + **-ing**)	**Estoy estudiando.**

Be aware that some adjectives change their meaning when used with **ser** and **estar**. Here are a few:

Adjective	*With* **ser**	*With* **estar**
aburrido	boring	bored
alegre	lighthearted	happy
cansado	tiresome	tired
cerrado	narrow-minded	closed
listo	clever	ready
malo	bad (character)	sick (health)

Now try these exercises

Fill in the gaps with the correct form of **ser** or **estar**:

1. La tienda _____ abierta.

2. El muchacho no _____ inteligente.

3. María _____ una chica muy bonita.

4. ¿A cuánto _____ las manzanas?

5. ¿Qué día _____ hoy?

6. ¿Dónde _____ la calle O'Connell?

7. España _____ en Europa.

8. Juan y Jesús _____ gordos y altos.

9. Margarita no _____ con nosotros.

10. Este chico no _____ aquí.

11. ¿Qué hora _____?

The Subjunctive mood

- In Spanish the Subjunctive is used to express doubt, hypothesis, desire, probability, possibility, etc. rather than to state an actual fact.

- It consists of two simple tenses (the Present and the Imperfect) and two compound tenses (the Present Perfect and the Pluperfect) (see your own verb tables for conjugations).

- In English we use words like *may, might, would* and *should* to identify a Subjunctive, e.g. *I wish I were in Spain!* **¡Ojala estuviera en España!**.

- With regard to phrases/clauses followed by + *que*, the Subjunctive is usually only required when the subject of the verb in the main clause and the subject of the subordinate verb are different. When they are the same, the infinitive is used. Examples:

Infinitive: **Yo quiero ir**.

Subjunctive: **Yo quiero que vaya él**.

- The Subjunctive is used in the Imperative (see Imperative)

- It follows phrases such as **No creo que**:

No creo que + Subjunctive: **No creo que Real Madrid vaya a ganar el Copa.**

Subordinate conjunctions

- This type of conjunction always introduces a subordinate clause.

- Subordinate clauses often contain verbs conjugated in the Subjunctive.

The following conjunctions are always followed by a Subjunctive:

como si	as if
sin que	without
antes (de) que	before
para que	in order that
a menos que	unless
a no ser que	unless
a fin de que	in order that
con tal que	provided that
en caso de que	in case/supposing that
a condición de que	on the condition that/provided that
a que	in order to

The following conjunctions are followed by either the Subjunctive or the Indicative:

desde que	since	así que	as soon as
cuando	when/whenever	de manera que	so as/so that
después que	after	de modo que	so that
hasta que	until	a pesar de que	in spite of the fact that
si	if		
aunque	although/even if	siempre que	provided that
mientras	while/as long as	porque	because/so that
en cuanto	as soon as	como	since/as
tan pronto como	as soon as	aun cuando	even if/although
luego que	after	salvo que	unless

And finally, these conjunctions can be followed by the **Indicative**:

puesto que	since
ya que	since/now that
ahora que	now that
pues	because
debido a que	due to the fact that

'Tener', 'hacer' and 'haber'

Tener = to have

Hacer = to make or to do

Haber = to have (as an auxiliary verb to form compound tenses)

These verbs are extremely important in the Spanish language, especially from the point of view of translation and understanding of texts, as their meanings can vary considerably.

- How many of the following do you know already?
- How many of these idioms can you translate?

tener	hacer	haber
¿Cuántos años tienes?	hace poco/dos semanas	hay
tener celos	hacer buen tiempo/viento	va a haber
tener dolor de cabeza	hacer burla de	haber sol
tener cuidado	hacer caso de (a)	hay que + Infinitive
tener gracia	hacer cola	he ido
tener lugar	hacer daño (a)	hemos comido
tener miedo de	hacer el favor de + Infinitivo	hayamos hecho
tener ganas de	hacer falta	
tener prisa	hacer preguntas	
tener razón	hacer la maleta	
tener que + Infinitive	hacer un viaje	
tener hambre/sed		

Uses of 'lo'

- The neuter gender is considered necessary in Spanish to refer to concepts, ideas or statements that in grammatical terms are neither masculine nor feminine.

- When **lo** is followed by a masculine singular adjective, or when **lo de** is followed by a noun or adverb, **lo** is translated or understood as *thing* in English:

  Lo importante es que...   *The important thing is...*

  Lo bueno de tu libro es que... *What's good about...*

- When **lo** is followed by an adjective or adverb, it means *how* in English:

  ¿No te has fijado en lo gordo que se ha puesto? *Haven't you noticed how fat he has become?*

- When used in a question form with **ser/estar** + adjective, the neuter object pronoun **lo** replaces the adjective in the reply:

  ¿Estás enfermo, Juan? Sí, **lo** estoy. (not commonly used)

NOTES